KB213840

부동산 트렌드
2025

하버드 박사 김경민 교수의 부동산 투자 리포트

부동산 트렌드 2025

서울 아파트 슈퍼사이클 진입

김경민, 김규석, 이소영, 이보람, 이영민, 정재훈 지음

와이즈맵

2025년 부동산 시장이 특별한 이유

《부동산 트렌드》 시리즈를 펴낸 지 벌써 4년째다. 그동안 대한민국 부동산 시장은 그야말로 격동의 시기를 겪었다. 2022년의 부동산 대폭락 이후 서울 아파트 시장은 회복-침체-급반등을 지나며 혼란의 시기를 보냈다. 온갖 미디어의 상반된 주장에 사람들도 부동산 시장이 상승할 건지 하락할 건지 갈피를 잡지 못하는 분위기다. 필자가 보기에 지금 부동산 시장은 새로운 국면으로 접어들었다. 그래서 이번《부동산 트렌드 2025》는 남다른 의미가 있다. 이 책의 부제에도 썼듯 2025년은 서울 부동산이 '슈퍼사이클'의 파도를 타는 해가 될 것이기 때문이다.

계속되는 인플레이션, PF 사태 연장, 최악의 공급 위기, 시중금리

(국고채 10년물 금리) 인하 등 복합적 요인이 맞물려 부동산 시장은 '대세상승'이라는 새로운 방향으로 나아가고 있다. 이 책은 이러한 변화의 흐름 속에서 부동산 시장의 현재와 미래를 분석한다. 시장의 변동성과 그 원인을 깊이 있게 들여다보고 결국에는 향후 부동산 시장이 나아갈 방향을 제시하고자 한다.

'슈퍼사이클'이라는 용어를 사용한 만큼, 필자는 서울의 많은 지역이 전 고점을 뛰어넘으며 상승할 것이라 보고 있다. 2023년의 직전 고점은 물론 2021~2022년의 역대 최고점을 돌파하는 것도 시간문제라 본다. 특히 강남 같은 일부 지역에서의 급격한 가격 상승은 그 기운이 다른 지역으로 확산되며, 전반적인 부동산 가격 상승을 예고하고 있다.

이러한 시장 흐름은 '공급 부족'과 '기준금리 인하'와 관련이 있다. PF 사태가 연장됨에 따라 여전히 토지 가격이 높고, 인플레이션으로 시공비는 계속 상승 중이다. 이에 따른 착공 물량의 감소는 미래 공급 부족을 더욱 심화시키고 있다. 특히 서울은 착공 물량이 역대 최저 수준을 기록해 부동산 시장에 큰 영향을 미칠 전망이다. 금리 인하 역시 시간문제로 보이는데, 기준금리가 인하돼 국고채 10년물 금리마저 하락하면 매매 수요가 증가할 가능성이 크다. 금융시장역시 부동산 시장에 상승 신호를 보내고 있는 것이다.

이 책은 총 6개의 파트로 구성된다. Part1에서는 지난 2024년의 시장 예측이 과연 얼마나 적중했는지 확인한다. Part2는 서울과 전국 광역시의 가격 트렌드를 알아본다. 특히 서울은 인근 신도시에 얼마나 가격 영향을 주는지, 또 고가 시장과 중저가 시장은 어떤 차이를 보이는지 분석했다. Part3에서는 올해 가장 중요하게 봐야 할 6개의 이슈를 정리했다. 공급 부족과 인플레이션, PF 사태, 전세가격 폭등 등 현안과 밀접한 문제들을 구체적으로 살펴보며 '슈퍼사이클'을 이루는 요소들을 확인했다. Part4는 서울시 12개 대장 단지의 가격 흐름을 상세히 살펴본다. 지난 시리즈에서 다룬 8개 단지에 4개 단지를 추가해 분석을 확장했다. Part5에서는 2025년 부동산 가격을 예측한 시나리오를 제시하고 대한민국 부동산 시장이 가야 할 방향에 대한 제언을 더했다. 마지막 Part6는 주목해야 할 '핫 플레이스'를 소개한다. 요즘 상권에서 눈에 띄는 트렌드들과 함께 새로운 소비문화를 형성하고 있는 홍대 지역을 조망했다. 또 몇 년 전부터 심각한 사회문제로 대두된 전세사기의 원인과 해결방안을 정리해 책 말미에 특별부록으로 수록했다.

책 한 권을 통해 주택과 상권, 트렌드까지 파악할 수 있도록 부동산 시장을 다각도로 분석하려 노력했다. 시장에 영향을 끼치는 복합적인 요인들을 종합해 살펴봄으로써 앞으로의 시장을 예측하고 대응 전략을 마련할 수 있도록 했다.

한 가지 더 짚고 넘어갈 부분이 있다. 이 책은 서울대학교 환경대학원의 필진들과 공동으로 연구한 결과물이다. 트렌드 조사와 데이터 분석을 함께 진행했고, 모든 내용에 대한 최종적인 책임은 대표 필자에게 있음을 밝힌다. 그밖에 데이터를 분석하고 시각화하는 데 큰 도움을 준 권현진, 김도경, 소하영, 이현승, 최성은 님께 특별한 감사의 인사를 전한다. 이 분들이 없었다면 이 책은 세상에 나올 수 없었다.

끝으로 《부동산 트렌드》 시리즈를 매해 읽으며 함께 시장을 따라가고 있는 독자 여러분께 감사의 말씀을 전한다. 올해도 이 책이 도움이 되어 부동산 시장의 흐름을 이해하고, 현명한 결정을 내릴 수 있기를 바란다.

2024년 가을
대표 필자 김경민

차례

Part 1

2024년 부동산 시장 다시 보기

Part 2

빅데이터로 분석한 서울&전국 아파트

3. '서울시 구별' 아파트 매매 시장 동향

4. 서울시 아파트 공급 부족 사태

Part 3

2025년 부동산 투자 빅이슈 TOP 6

1. **슈퍼사이클**_서울 아파트 대세상승의 신호탄

2. **인플레이션**_부동산 상승의 기폭제

3. **전세가격 폭등**_매매로의 전환을 이끌다

Part 4

12개 대장 단지 상세 리포트

Part 5

2025년 부동산 가격 大예측

Part 6

주목해야 할 '핫 플레이스'

Part
1

2024년
부동산 시장
다시 보기

2024년 부동산 시장에는 어떤 일이 벌어진 걸까?

입주 물량의 부족에 대해서는 지난 책에서 지속적으로 언급했고, 이제는 많은 이들이 심각성을 인지하기 시작한 듯하다. 작년에 예측했던 대로 전세 수요가 매매로 전환되는 현상은 이미 분기별 분석에서 잡히고 있다.

N자로 반등한 서울 부동산 시장

　부동산은 장기투자 관점에서 접근해야 하는 자산이다. 2025년의 미래를 전망하면서 2024년 상반기 패턴만을 보고 이야기할 수는 없다. 최소 1년 이상의 트렌드에 대한 분석이 필요하다. 지금 시점에서 과거를 돌아볼 때, 누구나 동의하는 팩트 하나는 2022년 1년간의 대폭락이다. 그런데 그 이후 2023년부터 현재(2024년 7월)까지의 부동산 시장은 굴곡이 있었다. 가격이 상승했다가 하락하고 다시 반등하는, N자 파고가 등장했다. 2023년 상반기와 중반에 서울 부동산 가격은 상승했으나, 2023년 후반부터 2024년 1분기까지 하락하고, 2024년 2분기에는 시장의 흐름이 완전히 바뀌며 다시 상승했다. N 형태의 움직임은 서울 내에서도 지역별로, 단지별로 약간의 시점 차이가 있다. 하지만 2010년대 서울 부동산 가격을 장기간 분석해보면 지역들이 큰 맥락에서 유사한 움직임을 보인다. 예를 들어 2013년부터 2020년까지의 패턴을 보면 서울 일부 지역에서 상승 시작 시점이 빠른 곳이 있으나(대개 강남), 누적 상승률에 아주 큰 차이가 존재하지는 않았다. 시간이 지나며 공간 균형이 작동해 누적 상승률이 일정 부분 맞춰진 것이다.

　작년 저서 《부동산 트렌드 2024》의 부제는 '서울 아파트 상승의 전조'였다. 필자는 작년 책(22~23쪽)에서 "장기적 관점(2025년 이후)에서 서울시 부동산을 부정적으로 봐야 할지는 의문이다. 현재 서울시 아파트 시장은 심각한 위기상황이며, 동시에 이 위기 속에 기회가 있기 때문이다"라고 언급했다. ①빌라포비아의 여파로 인한 전세가격의 상승, ②PF 대출 연장으로 인한 토지 가격 유지와 역대급으로 저조한 인허가 물량 그리고 ③공급 절벽 수준이 예상되는 향후 입주 물량 등 여러 상황으로 보아 부동산 가격에 상승 압박이 가해질 것이라 보았기 때문이다. 결국 시점의 문제일 뿐 서울 아파트 가격이 상승할 전조로 내다봤다.

2025년 부동산 시장을 전망하기에 앞서, 과연 지난 1년간 부동산 시장이 실제로 필자가 예측한 대로 흘러갔는지 되짚어보려 한다. 현재 가장 이슈가 되는 부분부터 알아보자.

많은 사람들이 인지하기 시작한 전셋값 상승이다. 2023년 후반까지만 해도 대부분의 시장 참여자가 전세가격 상승을 인지하지 못했었다. 그럼에도 본질적인 전셋값 상승은 이미 2023년에 기저에서 발생하고 있었다.

> "강남권에 대규모 아파트 단지가 등장했다고 해도 서울시 전체 입주 물량이 역대 평균 대비 적다면, 강남권 전세가격은 단기간 (3~6개월) 하락할지라도 서울시 전체 차원의 전세가격은 상방 압력을 받게 된다. 2023년 현재 많은 사람들이 심각하게 느끼지 못할 수 있으나, 서울 전체의 전세가격이 슬금슬금 오르는 지금의 상황은 매우 우려되는 신호이다."
>
> _《부동산 트렌드 2024》257쪽

작년에 언급했던 염려는 2023년부터 현재까지의 전셋값 상승으로 현실화되고 있다. 그 원인은 다양하나 주요한 것은 빌라포비아로 인한 연쇄효과였다. 빌라 수요의 감소로 사람들이 아파트 전세로 이동한 데다 입주 물량까지 부족했던 탓이다.

"빌라 공급이 현재와 같이 원활하지 않은 상황이 지속되면 빌라 전세가격은 상승 방향으로 움직일 수 있다. 또한 이는 하위재 공급 부족으로 어쩔 수 없이 상위재인 아파트로의 이동을 촉진시키면서 서울시 아파트 전세가격에 상승 압력을 줄 것이다."

_《부동산 트렌드 2024》 127쪽

"최악의 수준이 예상되는 2025~2026년 이후의 서울시 아파트 입주 물량: 토지 가격이 많이 떨어지지 않았기에 디벨로퍼들이 부동산 개발에 들어가기 매우 힘든 상황이다. 따라서 위에서 언급한 바와 같이 모든 유형의 주택(빌라, 오피스텔, 아파트 등) 인허가 물량은 역대 최저 수준이다. 여기서 알아야 할 점은 대개 인허가 시점부터 3~4년 후 입주 물량이 시장에 나온다는 것이다. 2022년과 2023년 인허가 물량이 적다면 2025~2026년 이후 서울시 아파트 입주 물량이 심각하게 줄어들 것은 너무나 명약관화하다."

_《부동산 트렌드 2024》 24쪽

특히 입주 물량의 부족에 대해서는 지난 책에서 지속적으로 언급했고, 이제는 많은 이들이 심각성을 인지하기 시작한 듯하다. 그리고 이는 당연하게도 전세가격과 매매가격 모두에 영향을 미친다. 작년에 예측했던 대로, 전세 수요가 매매로 전환되는 현상은 이미 분기별 분석에서 포착되고 있다.

> "2024년과 2025년 물량은 과거 평균의 절반 수준에 불과하며, 2026년 이후는 더 처참할 수 있다. 입주 물량이 이 정도로 부족한 경우, 2025년 이후 전세가격이 상승 압력을 받을 수 있으며 이는 매매가격으로 전가될 수 있다. 따라서 서울 부동산 시장의 미래는 대폭락의 2022년 상황과 정반대가 될 가능성이 매우 크다."
>
> 《부동산 트렌드 2024》 41쪽

또한 필자가 특히 안타깝게 여기는 부분은 PF 사태를 장장 18개월째 끌고 있는 현재의 모습이다. PF 대출 연장의 위험성 역시 작년 책에서 언급했었는데, 지금까지도 문제가 지속되고 있는 것은 명백한 정책 실패다. PF 사태를 유야무야하며 유지시켰기에 불량한 프로젝트들이 시장에 나오지 않았고, 토지 가격이 떨어지지 않았으며 시공비 인상과 금리 상승까지 더해져 아예 개발이 불가능한 상황이 되었다. PF 대출 연장은 또 한 번 입주 물량 부족으로 연결되며 사태를 악화시켰다.

"PF로 인한 문제점은 2022년 하반기부터 현재까지 지속되고 있

다. 부동산 경기 침체로 분양 수입은 하락하고 있는데 금융 이자
와 건설비용이 상승해, 새로운 개발은 거의 일어나지 않고 있으며
기존 부동산 건설 프로젝트도 계속해서 여러 어려움에 직면하고
있다."

_《부동산 트렌드 2024》 111쪽

"새마을금고 사태에서 보듯이 만기 대출을 계속 연기해줌으로써
시장에서 정리되어야 할 좀비들이 여전히 존재하고 있다. 이는 부
동산 시장에 심각한 영향을 끼쳤는데, 아파트 가격은 급격히 하락
했음에도 토지 가격이 덜 하락하는 일이 발생한 것이다. 인플레이
션으로 시공비가 크게 오르고 PF 사태의 여파로 금리가 여전히
높은 상황인데, 토지 가격마저도 덜 내려갔다. 이런 상황에서 아
파트 개발에 참여할 디벨로퍼는 많지 않다. 이는 인허가 물량으로
그대로 이어졌는데, 2022년과 2023년 아파트 개발 인허가 물량은
역대 가장 저조한 수준이다."

_《부동산 트렌드 2024》 117~118쪽

마지막으로 지난해에 제시한 서울시 집값 예상치를 다시 살펴보
겠다. 작년 책에서 다양한 시장 분석을 통해 가격 시나리오를 제시
했는데, 중요한 가정은 국고채 10년물 금리(그리고 이와 연동된 주택담
보대출 금리)의 흐름이었다.

"2024년의 시나리오는 국고채 흐름이 어떻게 되느냐와 그와 연동된 주택담보대출 금리의 흐름에 좌우될 것이다."

_《부동산 트렌드 2024》 251쪽

필자는 국고채 10년물 금리 흐름에 따라 두 가지 시나리오를 제시했었다.

① **국고채 금리 상승 시나리오**: 2023년 하반기부터 2024년 상반기까지 국고채 금리가 상승하는 경우, 주택 가격은 대략 6% 하락한다.

② **국고채 금리 하락 시나리오**: 2023년 하반기부터 2024년 상반기까지 국고채 금리가 하락하는 경우, 주택 가격은 대략 2% 상승한다.

현재 국고채 10년물 금리는 3.3%대로 2023년 고점인 4.3% 대비 무려 100bps가 하락한 상황이다. 국고채 금리 하락 시나리오대로 상황이 움직이고 있다. 당시의 가정은 2023년 하반기까지 국고채 금리가 상승한 후, 2024년 1분기부터 금리가 낮아지는 것이었다.

"현실적으로 2023년 4분기 주택담보대출 금리는 4%대 중반까지 일부 상승한다고 가정했으며, 2024년 1분기부터 주택담보대출 금리가 서서히 낮아져 4분기에는 3.8%에 이르는 것으로 보았다. 이 경우 서울시 아파트 가격은 2023년 2분기보다 2% 정도 상승한

___
1bps=0.01%

수준이다. 필자의 2023년 하반기 가정(주택담보대출 금리가 2023년 2분기보다 상승해 4%대 중반에 머무름)이 주택 가격 상승을 억누르기에, 아무리 좋은 시나리오더라도 2024년부터 가격이 서서히 오르는 것으로 나타났다."

_《부동산 트렌드 2024》 254쪽

결국 작년 책을 요약하면, 공급 부족 이슈가 현실화될 것이기에 2023년 하반기 대비 2024년 금리가 하락하는 경우(주택담보대출 금리의 하락) 서울시 부동산 가격이 상승할 것으로 보았다. 이의 연장선상에서 정부의 정책 실패가 존재하는 경우, 집값 상승 가능성과 더불어 '전략적 대처(실거주자의 경우, 매수)'를 조언했다.

"서울시 정부와 중앙정부에서 2025년 이후 부동산 공급에 대해 제대로 대처하지 않는다면, 2025년 이후의 저조한 신규 아파트 공급은 2010년대 중후반의 부동산 시장 상황을 재현하며 집값이 상승할 가능성이 크다. 2024년은 가격 정체 혹은 일부 하락이 이루어지더라도 본인이 실거주자라고 하면 이후 상황을 고려해 전략적으로 대처해야 한다."

_《부동산 트렌드 2024》 255쪽

작년에 제시했던 전망은 2024년 7월 현재도 유효하다. 오히려 예상보다 빠르게 시장이 움직이고 있다.

부동산 트렌드 2025 미리 보기

현재 시장이 말해주는 것은 무엇일까? 지금 시점을 대표하는 한마디는 '서울 아파트 가격의 골든크로스'다. 2024년 초 다시 한 번 골든크로스가 발생하며 서울 아파트의 새로운 '슈퍼사이클'이 시작됨을 보여줬다.

서울 아파트 골든크로스가 발생하다

너무도 다양한 정보가 빠르게 유통되는 시대다. 소비자는 전문가들이 생각하는 것보다 민첩하게 움직인다. 그런데도 관료주의가 몸에 밴 정부 당국은 현 상황을 직시 못하며, 자신이 보고자 하는 상황만을 보고 있다. 시장의 요구와 수요, 방향을 도외시한 채 엉뚱한 정책을 추진하고 있다. 빠르게 움직이는 시장을 분석하지 못하고 있기에 정책 실패는 예정된 모양새다. 그렇다면 정부의 대처는 지금과 별반 다를 바가 없을 것이고, 종국에는 시장 참여자들이 정부 대책을 무시할 수 있다. 정부의 대처를 고려하지 않는 수요자들의 선택이 폭발할 경우, 시장의 힘은 가뿐히 정부 정책을 눌러버릴 것이다.

현재 시장이 말해주는 것은 무엇일까? 지금 시점을 대표하는 한마디는 '서울 아파트 가격의 골든크로스Golden Cross °'다. 이는 두 가지차원의 분석에서 도출되었다.

첫째, 주식시장에 통용되는 단기와 장기 이동평균선을 부동산 시장에 적용한 분석이다. Part3의 이슈1에서 설명하겠지만, 필자의 연구실은 AI를 기반으로 일주일 단위 부동산 가격지수를 개발했다. 그리고 이를 통해 단기 이동평균선과 장기 이동평균선을 만들었다. 단

♀ 주식시장 등에서 가격이나 거래량의 단기 이동평균선이 장기 이동평균선보다 상향하는 것을 이르는 말. 시장이 강세로 접어들었다는 신호다.

기와 장기 이동평균선 비교 분석은 2013년의 대세폭등(골든크로스) 시점과 2022년의 대폭락(데드크로스) 시점을 정확히 도출했다. 그리고 2024년 초, 다시 한 번 골든크로스가 발생하며 서울 아파트의 새로운 '슈퍼사이클(장기적인 가격 상승 추세)'이 시작됨을 보여줬다. 여기서 용어 사용에 주의할 부분이 있다. 상승이 하락보다 길기에 슈퍼사이클이라는 표현을 사용했으나, 부동산 사이클이 짧아지는 근래의 특성을 고려할 때 가격의 '장기간', '폭등'을 의미하는 것은 아니다.

둘째, 매매와 임대차 거래량 분석이다. 부동산 거래는 '매매 거래'와 '임대차 거래'의 합이다. 다른 조건이 동일할 때, 전체 거래 중 매매 거래 비중이 줄어든다면 이는 사람들이 매매가격 하락으로 인해 전월세 시장으로 이동함을 의미한다. 그런데 어느 시점부터 매매 거래량의 비중이 다시 증가하기 시작한다면, 이는 전월세 시장의 수요가 매매 시장으로 이동하고 있음을 뜻한다. 이러한 경향이 현 주택 시장에서 나타나고 있다. 매매 시장으로의 수요 전환은 매매가격을 움직일 가능성을 내포한다. 그 가능성이 골든크로스에 정확히 도출됐다.

장기, 단기 가격 분석에서도 매매, 임대차 거래량 분석에서도 골든크로스가 발생했다. 2025년 부동산 시장의 미래를 보여주는 장면이다.

공공 택지 기반 민간 아파트 개발안

정부에게 있어 현재는 심각한 상황이다. 필자는 작년 책에서 서울시 부동산 가격 상승 가능성이 있고 많은 사람들이 향후 입주 물량이 적다는 것을 인지하는 순간, 시장이 어떻게 요동칠지 모른다고 적시했다. 그리고 그 대안 역시 작년 책(260~261쪽)에서 밝혔다.

앞으로 서울시 아파트 시장은 매우 불안정해질 것이다. 따라서 서울시는 랜드 뱅킹Land Banking 정책을 빨리 실행해서 공공 소유의 대규모 부지(혹은 일정 부분의 그린벨트)를 확보해야 한다. 이를 통해 기축 아파트의 매매 수요를 분양 시장으로 전환시켜야 한다. 자금이 부족하다거나 재정이 없다는 핑계를 댈 문제가 아니다. 작년 책(267쪽 '공공임대주택 확보를 위한 정책 제언')에서도 밝혔듯이, 용도에 맞게 쓰이지 못하고 있는 주택도시기금을 활용하고 이를 자산화(Equity Investment)해 대출(Debt Financing)을 일으키는 경우 아주 큰 규모의 펀드 조성이 가능하다. 이를 리츠 정책과 연계해 새로운 주거 상품 개발·운영 플랫폼으로 구조화할 수 있다.

많은 사람들이 오해할 수 있기에 다시 말한다. 서울시와 공공기관(LH 혹은 SH)은 토지 작업을 담당해야 하며, 민간 디벨로퍼들이 민간 아파트를 개발하고 이를 리츠 회사가 소유하는 구조를 만든다면, 매우 적은 공공자금으로 문제를 풀 수 있다. 민간이 아파트를 건설하고 진행하는 만큼, 이는 금융 산업 고도화와 더불어 처참한 상황에 빠진 부동산 산업 활성화에도 일조할 것이다.

Part
2

빅데이터로
분석한
서울&전국
아파트

'전국' 아파트 매매 시장 동향

전체 거래량 중 매매 거래량의 비중이 빠르게 증가하고 있다. 매매 거래의 비중이 늘어난다는 것은 주택을 구매하고자 하는 시장 참여자들의 의지가 강해지고 있음을 의미한다. 시장의 상승세를 뒷받침하는 분석 결과다.

서울 아파트 시장, N파고의 등장과 슈퍼사이클 돌입

많은 사람이 2024년 7월 현재 서울 아파트 시장의 흐름에 대해 매우 혼란스러워할 것이다. 일부 매체에서는 불과 몇 달 전까지 가격 하락 혹은 심지어 대폭락 가능성을 주장하기도 했다. 이러한 주장은 시장의 본질적 흐름을 간과한 채 오도된 의견을 증폭시키며 대중의 심리에 영향을 미쳤다. 그런데 일부 수요자들은 미래의 상황(공급 부족과 금리 인하 가능성)과 자신의 현 상황(가구 생애 사이클, 소득 수준 등)을 고려해 시장에 뛰어들기 시작했다. 비록 그 수치가 크지는 않더라도(가격 자체가 2010년대 중반 대비 퀀텀 점프를 한 상황이기에 거래량이 2010년대 후반 이전과 비교할 수 없을 정도로 적다), 매우 유의미한 흐름이 관찰되었고 시장의 큰 줄기를 바꾸기에는 충분했다.

이를 보여주는 현상이 서울 아파트 시장에 나타난 'N파고N wave'의 등장이다. N형 패턴은 주식시장의 기술적 분석 기법의 하나로, 주가가 상승-조정-재상승의 세 단계로 움직이는 것을 뜻한다. 차트가 알파벳 N 모양을 닮아서 이런 이름이 붙었다. 주가가 첫 번째 고점까지 상승한 후 하락해 저점을 형성하고 다시 상승해 두 번째 고점을 형성하는 형태다. 두 번째 고점이 첫 번째 고점을 넘어서면 상승세가 지속될 가능성이 높다는 신호로 해석된다.

현재 상황은 지역마다 다르다. 서울 아파트 시장의 경우 N파고 형태가 명확하다. 이미 첫 번째 고점(2023년 9월)을 돌파해 상승 중이기

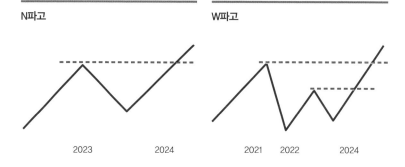

N파고

W파고

2023   2024   2021 2022   2024

때문이다. 하지만 아직 역사적 전 고점(2021년 3~4분기 고점)까지 뚫지는 못했다. 그러나 역사적 전 고점도 시기의 문제일 뿐 돌파할 가능성이 매우 높다고 필자는 본다. 즉 서울은 N파고를 넘어서 W파고의 가능성까지 존재한다. N파고와 W파고에 대해서는 추후 Part4에서 구체적 아파트 단지 사례와 함께 알아볼 것이다.

다만 전국 광역시의 아파트 시장이 서울 아파트 시장과 흐름을 맞춰 갈지는 미지수다. 2000년대 중반부터 2020년 이전까지 서울과 기타 광역시 부동산의 흐름이 다르게 움직였기 때문이다. 심지어 인천과 경기도 역시 2010년대 중반부터 2020년까지 서울과 디커플링 Decoupling된 상태였다.

아파트 가격은 주식과 달리 한 방향으로 흐름이 정해지면 장기적으로 움직인다. 근래의 트렌드를 파악하는 것만으로는 미래를 예측하기에 부족하다. 장기적인 추세를 살펴보고 그래프가 언제 바닥을 다지고 언제 상승하는지를 보수적으로 확인하는 것이 매우 중요하다.

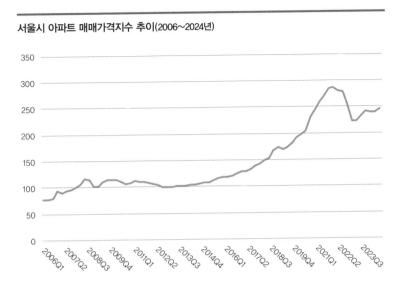

서울시 아파트 매매가격지수 추이(2006~2024년)

서울 아파트 시장에 문제의 N파고가 등장하고 W파고의 가능성
이 나타난 것은 2023년 이후 가격 패턴에서 드러난다. 금리가 상승
하면서 일어난 2022년의 부동산 대폭락은 누구나 기억하고 있는 부
분이다. 그러나 2023년 이후의 흐름은 예상하지 못한 방향으로 흘
렀다. 대폭락 이후, 2023년 1월부터 서울시 아파트 가격은 반등을
시작했고 2023년 9월까지 상당히 상승했다. 그러나 2023년 10월부
터 2024년 1분기까지 하락했고, 2024년 2분기 현재 재상승 중이다.

· 2022년: 대폭락
· 2023년 1~3분기: 상승
· 2023년 4분기~2024년 1분기 전반: 하락

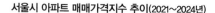

서울시 아파트 매매가격지수 추이(2021~2024년)

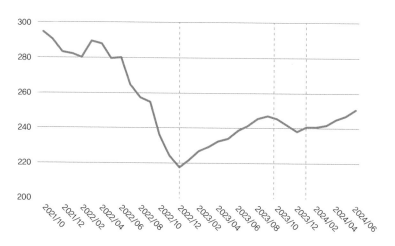

· 2024년 1분기 후반~현재: 상승

　N파고의 등장, 혹은 W파고의 가능성은 단순히 그래프를 육안으로 보고만 판단하는 것이 아니다. 현재 서울 아파트 시장이 재상승의 단계에 진입했음을 확인한 두 가지 분석 결과가 있다.

　첫째, 부동산 단기 이동평균선이 장기 이동평균선을 뚫고 올라가는 '골든크로스'가 발생했다. 주식시장에서 일반적으로 활용되는 '이동평균선'이라는 개념은 그 동안 여러 이유로 부동산 시장 분석에 쓰이지 못하고 있었다. 이번에 필자의 연구실에서 AI를 활용해 자체 개발한 분석법으로 부동산 가격의 장·단기 이동평균선을 비교해본 결과, 단기 이동평균선이 장기 이동평균선을 상향 돌파하는 모습이 나타났다. 이는 시장이 강세로 전환될 가능성이 높다는 신호로 해석된다.

둘째, 전체 거래량 중 매매 거래량의 비중이 빠르게 증가하고 있다. 전체 거래량은 매매 거래량과 임대 거래량의 총합으로 이루어져 있다. 이 중 매매 거래의 비중이 늘어난다는 것은 주택을 구매하고자 하는 시장 참여자들의 의지가 강해지고 있음을 의미한다. 시장의 상승세를 뒷받침하는 분석 결과다.

두 결과에 대한 해석은 Part3의 이슈1에서 자세히 다룰 것이다. 우선 지금은 서울시 아파트 시장이 상승에 돌입했다는 것, 그렇게 슈퍼사이클의 포문이 열렸다는 것에 집중하려 한다.

전국 광역시 부동산은 어떻게 될까?

서울시 부동산 시장이 상승에 진입했다면, 전국의 다른 부동산도 이 흐름을 따라가는 걸까? 지난 저서 《부동산 트렌드 2024》에서 밝혔듯이 서울시와 전국 광역시(인천과 경기도 제외)의 가격 흐름에는 2020년 팬데믹 이전까지 큰 차이가 존재했다.

[2010년~2012년]
· 서울시: 이 기간에 서울시 아파트 가격은 하락세를 보였다. 글로벌 금융위기의 여파로 부동산 시장이 침체되었다.

- 전국 광역시: 글로벌 금융위기에도 불구하고 인천을 제외한 대부분의 광역시는 가격이 상승했다. 이는 지방의 경제 상황이 서울과 달랐기 때문이다.

[2013년~2015년]

- 서울시: 2013년 이후 상승을 시작했으나 아파트 가격은 큰 변동 없이 안정적인 흐름을 유지했다.
- 전국 광역시: 대구는 이 시기에 가격이 상승하는 등 일부 광역시에서 서울과 다른 움직임이 나타났다.

[2015년~2019년]

- 서울시: 2015년 중반부터 서울 아파트 시장은 급격한 상승세를 보였다. 주거 수요 증가와 함께 정부의 부동산 정책 변화 등이 영향을 미쳤다.
- 전국 광역시: 서울의 상승기 동안 부산과 울산 등은 가격이 하락하거나 정체되었다. 울산을 포함한 경남권은 조선업 쇠퇴 등 지역 경제와 연관이 깊었다.

이처럼 2010년대 서울시와 전국 광역시의 가격 흐름은 상이했다. 그러나 2020년 이후 코로나 위기 극복을 위해 기준금리가 0.5%로 급락하면서 시장에 많은 유동성이 공급되자 전국이 동일한 방향으로 움직이기 시작했다.

전국 아파트 매매가격지수 추이(2006~2024년)

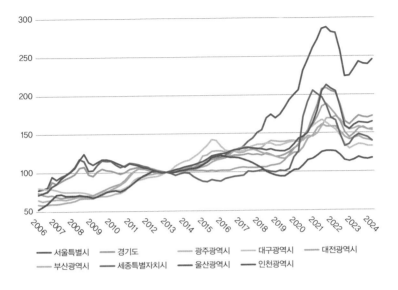

범례:
- 서울특별시
- 경기도
- 광주광역시
- 대구광역시
- 대전광역시
- 부산광역시
- 세종특별자치시
- 울산광역시
- 인천광역시

[2020년~2021년]

· 서울시와 전국 광역시: 코로나19 팬데믹으로 인해 전국적으로 유동성이 증가하면서 모든 광역시의 아파트 가격이 동반 상승했다. 이는 기준금리 인하와 정부의 경기 부양책 등이 주요 요인이었다.

[2021년 4분기~2022년]

· 서울시와 전국 광역시: 2021년 후반부터 전국적으로 아파트 가격이 하락세로 돌아섰다. 금리 인상과 함께 유동성 축소가 주요 원인으로 작용했다.

그러나 이러한 서울과 전국 광역시의 동조화 현상이 계속된 것은 아니다.

[2023년~2024년 상반기]

· 서울시: N파고가 나타나면서 상승 흐름이 완연하다.
· 전국 광역시: 전국에 걸쳐 2023년 전후로 바닥을 다진 후 2023년 9월까지 지역마다 상이한 패턴으로 상승 혹은 정체를 보였다. 그 이후의 흐름 역시 지역별로 다르다.

다만 경기도의 경우 해석에 조심해야 한다. 경기도는 워낙 큰 광역권이기에 내부의 신도시별 가격 흐름이 더 중요하다. 강남권에 근접한 분당, 과천, 평촌 신도시의 흐름과 다른 도시의 흐름이 다를 가능성이 높다. 따라서 경기도를 하나의 시장으로 판단해서는 안 된다.

현재 서울을 제외한 전국 광역시에서 관건이 되는 부분은 아래 3가지다.

① 과연 가격은 바닥을 쳤는가?
② 만약 바닥을 쳤다면 수요(인구와 가구 증가 및 소득 증가)와 공급(현재 주택 수와 향후 입주 물량, 현재 미분양 수 등)을 고려했을 때 정체 상황인가 아니면 상승으로 돌입한 것인가?
③ 만약 상승으로 돌입했다면 상승 폭이 서울 수준으로 나올 수 있는가?

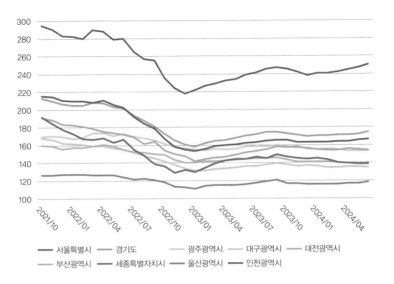

전국 광역시는 현재 첫 번째 질문과 두 번째 질문에 대한 대답이 명확하지 못한 상황이다. N파고의 등장은 어쩌면 서울이 유일한 상황이 될지 모른다.

'신도시' 아파트 매매 시장 동향

한강 이남 지역에서는 수도권으로의 가격 확산이 활발히 진행 중인 반면, 한강 이북 지역에서는 이런 현상이 거의 나타나지 않고 있다. 이러한 차이는 각 지역의 일자리와 직주근접성에서 비롯된다.

상승세가 퍼지는 지역은 따로 있다

수도권 부동산 시장을 한강을 기준으로 나눠보면, 한강 이남과 이북 지역에서 부동산 가격 확산(동조화) 현상이 다르게 나타나는 것을 알 수 있다. 가격 확산이란 특정 지역의 부동산 가격 움직임이 주변 지역에도 비슷한 영향을 미치는 현상을 의미한다. 한강 이남 지역에서는 수도권으로의 가격 확산이 활발히 진행 중인 반면, 한강 이북 지역에서는 이런 현상이 거의 나타나지 않고 있다. 이러한 차이는 각 지역의 일자리와 직주근접성에서 비롯된다.

먼저 한강 이남 지역에서는 서초구를 중심으로 가격 확산 현상이 두드러진다. 서초구는 서울의 대표적인 고급 주거지로 뛰어난 교육 환경, 편리한 교통, 다양한 상업 인프라가 잘 갖춰져 있어 주거 선호도가 매우 높다. 이로 인해 서초구의 부동산 가격이 지속적으로 상승하고 있으며, 이러한 상승세는 인접한 강남구, 송파구, 강동구까지 확산되고 있다. 서초구에서 시작된 부동산 가격 상승이 주변 지역으로 퍼져나가는 현상이 뚜렷하게 나타나고 있는 것이다.

예를 들어 코로나19 위기가 시작되기 이전인 2019년 1분기부터 2024년 2분기까지 누적 상승률을 보면 서초구, 강남구, 송파구, 강동구의 상승률은 각각 44.3%, 39.3%, 37.4%, 36.2%로 서로 비슷하다. 하지만 급격한 금리 인상으로 자산 가격의 하락이 시작된 2022년 1분기부터 2024년 2분기까지 누적 상승률을 확인해보면 서초구, 강남구, 송파구, 강동구는 각각 +3.8%, -2.5%, -12.9%, -16.9%로 지역이 차별화됐다. 이번 슈퍼사이클에서도 역시 서초구가 먼저 상승하며 강남구, 송파구, 강동구로 상승세가 퍼져가고 있다.

또한 양천구에서도 가격 확산 가능성이 보이고 있다. 양천구는 목동으로 대표되는 교육 인프라가 잘 갖춰진 지역으로, 부동산 시장에서 점차 그 가치를 인정받고 있다. 양천구의 부동산 가격 상승은 아직 초기 단계지만 앞으로 인접 지역으로 확산될 가능성이 충분히 있다. 이는 양천구에서도 서초구와 유사한 방식으로 가격 확산 현상이 나타날 수 있음을 의미한다.

반면 한강 이북 지역에서는 이와 같은 현상이 나타나지 않고 있다. 예를 들어 마포구와 노원구는 각각 독특한 특성을 지닌 지역으로 이들 지역에서 시작된 부동산 가격 상승이 인접 지역으로 확산되는 움직임은 현재는 거의 없다. 마포구는 홍대, 상암동 등 문화적이고 상업적인 요소가 강한 지역이 있어 독특한 개성이 있다. 노원구역시 주거지로서 자체적인 특성을 지니고 있는데, 중저가 아파트가많이 분포해 있어 중산층과 서민층이 선호한다는 점이다. 한강 이북지역의 가격 상승은 인접 지역으로 확산되지 않고, 독립적인 부동산시장을 형성하고 있다. 그 이유는 이 지역이 한강 이남 지역과는 다른 경제적, 사회적 구조를 가지고 있기 때문이다.

구조적 차이는 주로 일자리와 직주근접성에서 기인한다. 강남구를 포함한 한강 이남 지역은 대기업 본사와 주요 업무지구가 밀집해있어 많은 사람들이 직장과 가까운 이곳을 주거지로 선호한다. 예를 들어 강남구에는 삼성, 현대 등 대기업 본사가 있어 많은 직장인이 이 지역에서 근무한다. 이는 강남에서 시작된 가격 상승이 주변 지역으로 확산되는 주요 원인 중 하나다. 반면 한강 이북 지역은 주요 업무지구와의 거리가 상대적으로 멀고, 일자리 분포가 분산되어 있다. 노원구 권역은 업무지구 대신 자족적인 주거지를 형성하고 있어, 인접 지역으로의 가격 확산이 잘 나타나지 않는다. 이렇듯 한강 이북과 이남으로 나뉘는 두 지역의 패턴 차이는 수도권 부동산 시장의 양극화를 더욱 심화시키는 요인이 되고 있다.

한강을 기준으로 삼는 것보다 더 세부적인 인접 효과를 분석하기 위해 서울시를 5개 권역으로 나누면 다음 페이지의 지도와 같다. 그중 서울 중심의 종로구와 중구는 아파트 물량이 많지 않아 다른 4개 권역의 가격 움직임이 중요하다. 각 권역에는 대장 구가 존재하며 대장 구의 움직임은 인근 신도시 가격에 영향을 준다. 각 권역별 대장 구와 인근 대표 신도시는 아래와 같다.

· 수도권 동남부: 강남구 vs 성남시 분당구, 용인시 수지구
· 수도권 서북부: 마포구 vs 고양시 일산동구·서구, 파주시
· 수도권 서남부: 양천구 vs 안양시 동안구(평촌 신도시), 김포시
· 수도권 동북부: 노원구 vs 의정부시, 남양주시

사람들은 주로 자신이 살고 있는 곳의 인근 지역으로 이동하는 경

서울시 5개 권역별 이주 방향

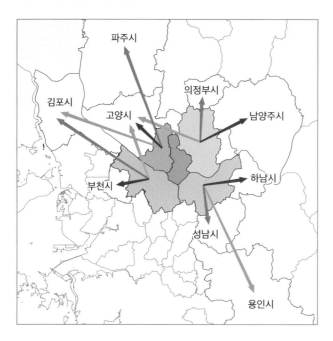

향이 있는 만큼, 지리적으로 인접한 지역은 서로 영향을 주고받으며 같은 시장 권역을 형성한다. 지금부터는 수도권 동남부, 동북부, 서북부, 서남부로 나눠 4개 권역별로 가격 확산이 어떻게 일어나는지 살펴보려 한다. 주택 가격의 상승세가 퍼져나가는 지역과 그렇지 않은 지역이 있다면, 우리는 그 효과를 예상해 자신의 경우에 적용할 수 있어야 한다. 네 지역의 트렌드를 분석하고 현재 수도권 권역들은 어떤 상호작용을 일으키고 있는지 알아보자.

①수도권 동남부_강남, 분당, 수지

수도권 부동산 시장에서 강남구, 분당구, 수지구는 다른 지역과는 차별화된 매매가격 흐름을 보인다. 이는 강남 이남 지역에서 나타나는 동조화 현상으로 설명할 수 있다. 예를 들어 2018년 1분기에 강남구의 매매가격이 13.3% 상승하면서 시세를 올리자, 분당구는 12.6%, 수지구는 5.4% 상승하며 그 여파가 퍼지기 시작했다. 2019년 3분기에도 글로벌 금융위기를 극복하고자 양적완화로 유동성을 확장하니 강남구는 9.1% 상승하며 시세를 이끌었고, 분당구는 6.0%, 수지구는 2.0% 상승하면서 시세를 따라가기 시작했다. 이후 2020년 3분기부터 2021년 1분기까지의 3개 분기 동안 강남구는 각각 11.3%, 2.6%, 2.1% 상승하며 상승 폭이 둔화되었다. 그러나 분당구는 같은 기간 오히려 11.6%, 8.9%, 12.2% 상승하며 기세가 확장되기 시작했다. 수지구는 더욱 큰 상승을 보이며 각각 13.2%, 9.3%, 12.7% 상승했다.

이러한 동조화 현상은 강남구의 가격 상승이 주변 지역에 확산되면서 나타난다. 강남을 중심으로 한 인접 지역들이 비슷한 패턴의 가격 변동을 겪게 되는 것이다. 크게 보면 강남 이남 지역은 하나의 연계된 부동산 시장으로 볼 수 있으며, 이들 지역의 매매가격 흐름은 상호 밀접하게 연관되어 있다.

부동산 시장에는 특정 지역이 가지는 위계가 존재한다. 이는 각 지역의 주택 가격 상승률 같은 지표를 통해 확인할 수 있다. 2013년

강남구, 분당구, 수지구 아파트 매매가격지수 추이(2006~2024년)

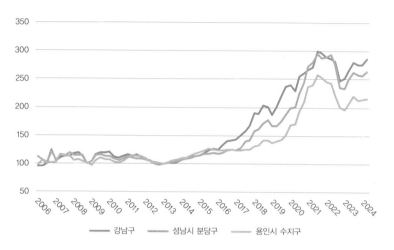

1분기부터 2024년 2분기까지 강남구와 분당구는 누적해 112.7%, 103.2% 상승했지만 수지구는 82.1%에 그쳤다. 서울시 강남구와 경기도 분당구는 누적 상승률이 비슷한 수준을 보였다. 비록 분당이 강남보다 상승세를 조금 늦게 타기 시작하지만, 시간이 지나면 두 지역의 누적 상승률은 결국 비슷해진다.

하지만 경기도 수지구의 경우 상황이 다르다. 수지구의 누적 상승률은 강남구나 분당구에 비해 현저히 낮은 편이다. 그 이유는 수지구 주변에 새로운 아파트를 대량으로 공급할 수 있는 충분한 공간이 있기 때문이다. 대규모 아파트 단지가 들어서 공급이 늘어나면, 수요와 공급의 법칙에 따라 주택 가격 상승이 억제된다. 이는 수지구의 주택 가격이 강남구나 분당구에 비해 상대적으로 덜 상승하는 원인이다. 특정 지역의 주택 가격 상승률에는 그 지역의 개발 가능성, 공급량, 수요와 공급의 균형 등 여러 요인이 복합적으로 작용한다. 이러한 요인들이 모여 각 지역의 위계를 형성한다.

　강남구, 분당구, 수지구의 지역적 특성과 시장 위치를 살펴보면, 이들 지역은 각기 고유한 특징이 있다. 강남구는 서울의 대표적인 고급 주거지로 뛰어난 교육 환경, 편리한 교통, 다양한 상업 인프라가 잘 갖춰져 있어 주거 선호도가 매우 높다. 한편 분당구는 경기도 성남시에 위치한 계획 신도시로 서울과의 접근성이 좋고 잘 정비된 주거 환경과 우수한 학군으로 인해 인기가 높다. 수지구는 경기도 용인시에 위치하며 분당과 인접해 있어 비슷한 주거 환경을 제공하지만, 상대적으로 저렴한 가격 덕분에 주거 대체지로 주목받고 있다.

　이들 지역의 매매가격 흐름을 살펴보면 최근 몇 년간 수도권 동남부의 강남구, 분당구, 수지구는 다른 수도권 지역과는 차별화된 가격 상승 패턴을 보여줬다. 강남구는 지속적으로 높은 수요와 제한된 공급으로 인해 가격 상승이 계속되고 있으며, 이러한 상승세는 분당구와 수지구에도 영향을 미친다. 분당구는 특히 강남구와의 근접성 덕분에 더욱 강한 상승세를 보이고 있다. 이처럼 강남구를 중심으로 한 남쪽 지역들이 유사한 가격 흐름을 보이는 것이 대표적인 동조화 현상이다. 이는 주거 선호 지역이 강남에서부터 분당구와 수지구로 자연스럽게 확장되는 과정에서 발생한다.

　강남구, 분당구, 수지구는 각각의 특성과 위치적 장점을 바탕으로 부동산 시장에서 강남 이남 지역의 동조화 현상을 주도하고 있다. 이러한 현상은 강남 이남 지역의 부동산 시장을 하나의 통합된 시장으로 바라볼 수 있게 하며, 이들 지역 간의 매매가격 흐름은 매우 긴밀하게 연결되어 있다는 점에서 중요한 의미를 가진다.

②수도권 서북부_마포, 일산, 파주

　수도권 서북부의 마포구, 일산, 파주시의 아파트 매매가격 흐름을 살펴보면 각 지역의 부동산 시장이 서로 다른 양상을 보임을 알 수 있다. 마포구는 강남구와 비슷한 가격 변동 패턴을 보이며 동조화 현상을 이루고 있지만, 이러한 상승세가 일산과 파주로까지 확산되지는 않고 있다. 과거 이들 지역의 매매가격 흐름을 보면 마포구는 2018년 1분기부터 3분기까지 매매가격이 각각 8.2%, 5.9%, 8.7% 상승했으나 같은 기간 일산은 +1.5%, +0.1%, −0.1%로 상승세를 보이지 못하고 오히려 정체 상태였다. 파주 또한 2018년 1분기부터 3분기까지 각각 0.2%, 0.3%, 3.3% 하락하는 모습을 보였다. 마포구의 상승세가 일산과 파주로 전파되지 않았음을 보여준다.

　코로나 위기 극복을 위해 2020년 3분기부터 시작된 유동성 확장 국면에서는 자산 가격이 전반적으로 상승했다. 마포구는 2020년 3분기에 7.9% 오르며 상승장을 열었다. 한편 일산은 마포구보다 약간 늦게 2020년 4분기와 2021년 1분기에 각각 10.0%와 18.3% 수준

마포구, 일산, 파주시 아파트 매매가격지수 추이(2006~2024년)

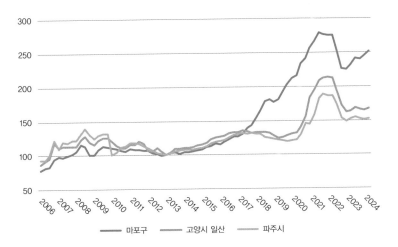

의 급격한 상승을 보였다. 파주 역시 같은 기간 12.2% 상승했으나, 2020년 4분기에는 -0.9%로 보합권에 머물렀다. 이후 2021년 2분기와 3분기에는 각각 9.1%와 15.3%로 급격한 상승세를 나타냈다.

금리 인하가 이루어진 시기에는 마포구에서 시작된 매매가격 상승세가 약 1~2분기의 시차를 두고 일산과 파주로 전이된 것이다. 그러나 급격한 금리 인상으로 인한 하락장에서는 세 지역이 동시에 하락하는 모습이다. 2022년 4분기에는 마포구가 11.0%, 일산이 10.3%, 파주시가 12.1% 하락했다.

마포구 매매가격 흐름을 보면, 이 지역은 강남구와 비슷한 흐름의 가격 변동을 보이며 상승세를 이어가고 있다. 마포구와 강남구는 독립적인 시장임에도 불구하고 두 지역이 유사한 경제적, 사회적 조건이 있기 때문이다. 이는 마포구가 강남구와 유사한 주거 선호 지역으로 자리 잡고 있음을 보여준다. 마포구는 서울 내에서 교통과 생활 인프라가 잘 갖춰진 지역으로, 특히 직장인들에게 인기가 많다. 최근 몇 년간 마포구의 아파트 매매가격은 강남구와 유사한 패턴을 보이며 상승해왔다.

반면 일산과 파주시는 독립적인 부동산 시장의 특성을 보이고 있다. 고양시의 일산과 파주시는 경기도의 주요 주거 지역으로, 서울과의 접근성이 좋지만 마포구와는 다른 특성을 띤다. 일산은 잘 계획된 신도시로서 편리한 주거 환경을 제공하지만 최근 몇 년간 아파트 매매가격 흐름은 마포구나 강남구와는 다른 양상을 보였다. 파주는 서울로의 접근성이 상대적으로 떨어지지만, 자연 환경과 대규모 개발 계획으로 인해 독립적인 주거 지역으로 성장하고 있다. 그러나 부동산 가격 상승 폭은 마포구나 강남구에 못 미친다.

마포구에서 시작된 아파트 매매가격 상승이 일산과 파주로 확산되지 않는 이유는 여러 요인에서 기인한다. 우선 일산과 파주는 마포구와 비교해 직장과의 근접성이 떨어진다. 서울 중심부나 강남구로의 접근성에서 차이가 나기 때문에 가격 상승의 파급력이 줄어든다. 또한 일산과 파주는 각각의 지역 내에서 자족적인 생활권을 형성하고 있어, 마포구의 가격 상승이 직접적으로 영향을 미치지 않고 있다. 한마디로 수도권 서북권은 디커플링된 시장이라 할 수 있다.

③수도권 서남부_양천, 안양, 김포

양천구, 안양시 동안구(평촌 신도시), 김포시의 아파트 매매가격 흐름을 자세히 분석하면, 양천구와 안양시 동안구는 동조화된 흐름을 보이나, 김포시는 향후 추이를 살펴봐야 한다. 과거 양천구에서 시작된 상승세가 안양시 동안구와 김포시로 퍼져나가는 과정에는 시차가 존재했다. 2018년 3분기에 양천구는 13.5% 오르며 큰 폭의 상승을 보였지만, 안양시 동안구는 5.5% 상승으로 양천구에 한참 못 미치는 상승에 그쳤다. 김포시는 이와 대조적으로 같은 기간에 0% 보합권에 머물렀다.

유동성 확장으로 인한 상승장에서는 양천구의 매매가격이 2020년 3분기에 15.4% 상승했으나 이후에는 상승 폭이 둔화되었다. 반면 안양시 동안구는 같은 기간 9.2% 상승했고, 그 후 2021년 3분기까지 각각 5.1%, 12.5%, 13.4%, 10.3%로 큰 폭의 상승세를 보였다. 김포시도 양천구와 안양시 동안구와 마찬가지로 2020년 3분기에 8.4% 상승한 후 21.6%와 12.1%로 급격한 상승을 보였다. 양천구의 상승세가 안양시 동안구와 김포시로 퍼져가는 데는 시간이 걸렸으며, 각 지역의 상승세가 나타나는 시점과 강도가 서로 달랐음을 알 수 있다.

양천구는 서울 서남부에 위치한 지역으로, 특히 목동을 중심으로 우수한 교육 환경과 다양한 생활 인프라가 잘 갖춰져 있어 주거 선호도가 높다. 목동 학원가는 서울에서도 손꼽히는 명문 학군인 만

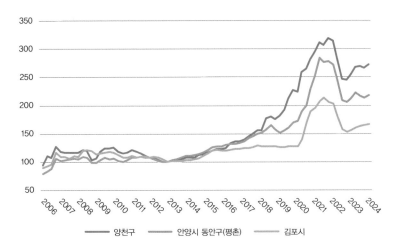

양천구, 동안구, 김포시 아파트 매매가격지수 추이(2006~2024년)

범례: ── 양천구 ── 안양시 동안구(평촌) ── 김포시

큼, 많은 학부모가 이 지역으로 이주하려는 경향이 있다. 이러한 이유로 양천구의 아파트 매매가격은 최근 몇 년간 꾸준히 상승해왔다. 가격 상승은 인근 지역으로 확산될 가능성이 높은데, 양천구가 서남권역에서 중심적인 역할을 하고 있음을 보여준다.

안양시 동안구는 경기도 남서부에 위치해 있으며, 서울과의 접근성이 좋고 주거 환경이 잘 조성된 지역이다. 서울 지하철 4호선과 수도권 전철 1호선이 지나가 교통이 편리하고, 평촌은 신도시 개발로 환경이 우수하다. 안양시 동안구의 아파트 매매가격도 최근 몇 년간 상승세를 보이고 있는데, 이 지역이 서울의 주거 수요를 일부 흡수하면서 가격 상승의 혜택을 보고 있음을 의미한다. 안양시 동안구의 매매가격 흐름은 양천구와 유사한 패턴을 보이며, 동조화 현상이 나타날 가능성을 시사한다.

김포시는 서울 서쪽에 위치한 경기도의 주요 주거 지역으로, 최근 몇 년간 대규모 개발이 이루어지면서 주거지로서의 매력이 증가하고 있다. 특히 김포 한강신도시 개발과 김포골드라인 지하철 개통은 김포시의 주거 매력을 크게 높였다. 이러한 개발로 인해 김포시의 아파트 매매가격도 상승세를 보이고 있다. 2010년대에는 가격 흐름이 정체되던 모습이었으나, 2020년 이후 다른 신도시들과 마찬가지로 가격이 인근 서울 대장 구(양천구)의 흐름과 비슷해지는 모습을 보인다. 다만 그럼에도 김포시 인근은 대규모 개발이 지속적으로 일어날 수 있어 양천구와 같은 성장을 따라갈지는 시간을 두고 살펴봐야 한다.

Information ———————————————

서울과 맞닿은 곳에
대입 농어촌 특별전형 대상 지역이 있다?

김포공항에서 김포골드라인을 타고 한 정거장만 가면 고촌역이 있다. 행정구역상 경기도 김포시 고촌읍이지만 생활권은 사실상 서울인 곳이다. 다수의 주민들이 서울, 특히 여의도로 출퇴근을 해 서울의 베드

타운 역할을 하고 있다. 승용차나 지하철로 여의도까지 30분 남짓 걸려 통근 입지가 상당히 양호한 편이다. 쇼핑과 여가시설은 김포공항 롯데몰, 목동, 여의도 현대백화점 등을 이용할 수 있다. 무엇보다 교육 환경이 아주 우수한데, 서울과 전국을 통틀어 대치동 학원가 다음으로 손꼽히는 목동 학원가가 있다. 막히지 않는 시간에는 차로 20분이면 도착할 정도로 가까운 곳에 위치해 고촌읍에 거주하는 많은 학생이 실제로 목동 학원가를 다닌다.

고촌읍은 신곡리, 향산리, 풍곡리, 태리, 전호리로 구성되는데 이 중 서울과 접경 지역인 신곡리는 2000년대 후반 고촌힐스테이트 아파트 2,605세대가 개발되었고, 2020년대에 김포신곡6도시개발구역 개발로 캐슬앤파밀리에시티, 고촌센트럴자이 등 5,000여 세대가 추가 입주해 도시 지역으로 완전히 변모했다. 향산리도 2020년대에 1,500여 세대의 리버시티힐스테이트 대단지가 들어서면서 급격한 도시화가 진

고촌읍 인근 지도　　　　　　　　　　　　　　출처_네이버지도

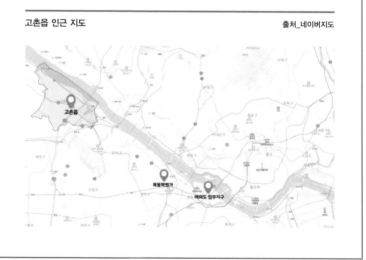

행 중이다. 추가로 한강시네폴리스 33만 평이 개발 예정이다.

흥미로운 사실이 있는데, 이곳은 엄연히 '읍' 지역으로 대학 입시에서 농어촌 특별전형의 대상이 된다는 점이다. 서울 목동 학원가를 이용할 수 있는 지역에 농어촌 특별전형 혜택이 있다니 놀라운 일이다. 김포를 동서로 관통하는 국도 48호선 남서측에 위치한 신곡리 일대는 고촌힐스테이트, 캐슬앤파밀리에시티, 센트럴자이 단지가 신곡중학교를 중심으로 하나의 학군으로 묶여 신흥 명문학군으로 부상하고 있다. 게다가 소위 캐파 단지와 힐스 단지의 중심에는 7개 상가 건물에 100개를 훌쩍 넘는 학원이 밀집되어 있어 교육 및 편의시설 이용이 상당히 편리한 편이다. 모두가 농어촌 특별전형 혜택을 바라고 이곳에 거주하는 것은 아닐 것이나, 상당한 영향을 미쳤음은 이 지역에 알 만한 사람은 다 아는 사실이다.

예전에는 농어촌 특별전형 혜택을 받기 위해 한강신도시를 지나 통진읍에 있는 고등학교까지 통학을 했어야 했다. 승용차로 30분, 대중교통으로 1시간 거리이다. 그러나 2020년 이 지역에 고촌고등학교가 개교를 하면서 완전한 학군을 완성하게 되었다. 지금도 이르면 초등학교 입학 전, 늦으면 초등학교 고학년 때 전입하는 인구가 상당하다. 부모는 여의도로 출퇴근하고 아이는 교육 혜택을 누릴 수 있는데 아파트 가격도 서울보다 상당히 저렴하니 수요가 높은 것이 어쩌면 당연한 일이다. 한편 농어촌 특별전형 혜택은 학생만 고등학교 졸업까지 12년 이상 거주·재학하거나 학생, 부모 모두 6년간 거주·재학한 경우 받을 수 있다.

④수도권 동북부_노원, 남양주, 의정부

노원구, 남양주시, 의정부시의 아파트 매매가격 흐름을 분석하면, 현재 이들 지역 모두가 가격 하락이 멈춘 보합 상황(2024년 2분기 기준 각각 0.6%, 0.3%, 0.4% 상승)으로 가격 상승으로의 전환이 포착된다. 이는 동북부 지역의 부동산 시장이 현재 안정세를 유지하고 있으며, 하락세가 멈춘 후 새로운 상승세로 전환되기 전의 안정화 단계에 있음을 의미한다.

과거 이들 지역의 매매가격 흐름을 자세히 살펴보면, 노원구와 남양주시의 매매가격은 동조화 현상을 보이며 동시에 변동하는 경향이 있다. 그러나 의정부시는 이들과 다르게 약 2개 분기의 시차를 두고 매매가격이 변하는 모습을 보인다. 2020년 3분기에 노원구 매매가격은 16.6% 상승했고, 4분기에는 7.1% 추가 상승했다. 남양주시도 이와 비슷하게 2020년 3분기에 10.0% 상승했으며, 4분기에는 7.7% 상승했다. 반면 의정부시는 이들보다 약간 늦게 매매가격이 상승하는 경향을 보였다. 의정부시는 2021년 1분기에 매매가격이 16.8% 상승했고, 2분기에는 7.8% 상승했다. 노원구와 남양주시에 비해 의정부시의 매매가격 상승 시점이 늦다는 것을 알 수 있다.

노원구는 서울 북부에 위치한 지역으로 다양한 생활 인프라와 교육 시설이 잘 갖춰져 있다. 예를 들어 노원구에는 수락산, 불암산 등의 자연 환경이 있으며 상계동 학군과 중계동 학원가 등 교육 환경

또한 우수하다. 그렇지만 최근 몇 년간 노원구의 아파트 매매가격은
하락세를 보였으며 2024년 1분기 현재도 보합세로 보인다. 이는 하
락이 멈추고 안정화된 상태를 의미한다.

　남양주시는 서울 동북부에 인접한 경기도의 주요 주거 지역으로
자연 환경이 우수하고 교통망이 확충되면서 주거지로서의 매력이
커지고 있다. 남양주시에는 북한강과 다산신도시가 위치해 있으며,
경춘선과 서울 지하철 4호선이 연장될 예정으로 교통 접근성이 개
선되고 있다. 남양주시의 아파트 매매가격도 최근 몇 년간 하락세를
보였는데 현재는 가격이 안정화되고 있다.

　의정부시는 서울 북쪽에 위치한 경기도의 대표적인 주거 지역이
다. 서울과의 접근성이 좋아 많은 사람들이 주거지로 선호하는 곳이

다. 의정부시는 경전철과 수도권 전철 1호선이 지나가며, 국립수목원 같은 자연 환경도 갖추고 있다. 최근 몇 년간 의정부시의 아파트 매매가격은 하락세를 보였는데, 현재는 보합권에 있다.

노원구, 남양주시, 의정부시의 아파트 매매가격은 하락을 멈추고 안정화 단계에 접어들었다. 이는 이들 지역의 부동산 시장이 하락세를 마무리하고, 새로운 상승세로 전환되기 전의 조정기에 있음을 의미한다. 향후 시장의 변동을 지켜보아야 할 시점이다.

'서울시 구별' 아파트 매매 시장 동향

실제로 2분기 이후 중저가 지역에 변화 조짐이 나타나고 있다. 고가 지역을 따라 상승세로 전환되는 움직임이 포착된 것이다. 이번 사이클에서도 다시 한 번 두 지역 간에 상승 시차가 존재함을 확인할 수 있었다.

서울시 구별 아파트 세대수, 평당가 순위

　지금부터는 세부 지역별로 서울시 아파트 시장 트렌드를 살펴볼 것이다. 우선 가장 기본이 되는 평당가와 세대수를 기준으로 서울시 구별 특징을 알아보자.

　2024년 6월 기준으로 서울시 구별 아파트 평당가를 분석한 결과, 가장 비싼 구는 쉽게 예상할 수 있듯이 강남구로 평당 8,842만 원이다. 가장 저렴한 구는 도봉구로 평당 2,696만 원이다. 강남구의 평당가가 도봉구의 약 3.3배에 달하는 수준이다. 대표적인 지역들의 아파트 평당가를 내림차순으로 보면 강남구와 서초구가 각각 1위와

서울시 구별 아파트 평당가(2024년 6월)　　　　　　　자료 출처_KB부동산 데이터허브

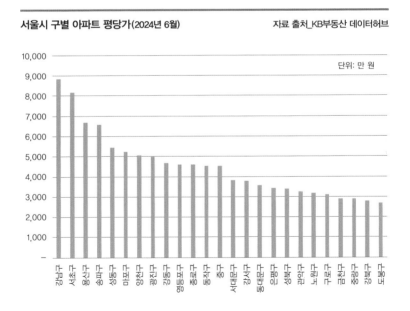

2위를 차지하며 상위권에 속해 있다. 송파구와 강동구는 각각 4위와 9위를 차지해 중상위권에 위치한다. 한편 서민 주택 밀집 지역인 성북구, 노원구, 도봉구는 각각 18위, 20위, 25위로 중하위권에 속해 있음을 알 수 있다.

　세대수를 기준으로 보면 어떨까? 2023년 기준으로 서울시 전체 아파트 세대수는 약 174만 세대다. 이를 서울의 25개 구로 나누어 보면, 각 지역구별 평균 아파트 세대수는 약 7만 세대가 된다. 서울시에서 아파트 세대수가 가장 적은 구는 종로구로 약 1만 4,000세대이며, 이는 서울시 전체 아파트 세대수의 0.8%에 해당한다. 반면 아파트 세대수가 가장 많은 구는 강북 지역의 노원구로 약 16만 4,000세대에 이른다. 서울시 전체 아파트 세대수의 약 10%에 육박하는 규모다. 노원구는 강남3구(강남구, 서초구, 송파구)의 어느 곳보다도 많은 아파트 세대수를 보유하고 있다. 주거 밀집도가 높고 아파트 단지가 많은 지역적 특성 탓이다.

　서울시 아파트 세대수를 생활권별로 분석해보면 강남3구에 약 34만 세대가 있으며, 이는 전체의 약 19.8%를 차지한다. 노도성(노원구, 도봉구, 성북구)에는 약 31만 1,000세대가 있어 전체의 약 17.8%에 해당한다. 단일 구로 보면 노원구가 가장 많은 세대수를 보유하고 있지만 고가 아파트 시장인 강남3구도 상당히 큰 규모임을 알 수 있다. 고가 아파트 시장을 세분화해 살펴보면, 강남구와 서초구를 묶은 지역에는 약 21만 9,000세대(전체의 약 12.5%)가 분포하고, 송파구와

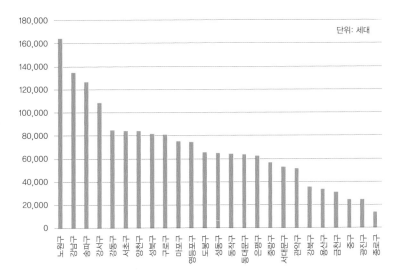

단위: 세대

강동구를 묶은 지역에는 약 21만 1,000세대(전체의 약 12.1%)가 분포하고 있다.

　이처럼 강남구, 서초구, 송파구, 강동구, 노원구, 도봉구, 성북구까지 총 7개 구는 약 74만 세대가 거주하는 절대적인 규모의 아파트 시장을 형성하고 있다. 서울시 전체 세대수의 약 42.5%다. 이들 구는 각각 서울시를 대표하는 고가 아파트 시장(강남3구)과 중저가 아파트 시장(노도성)으로 구분될 수 있으며, 서울시 부동산 시장에서 매우 중요한 역할을 하고 있다.

강남구, 서초구_고가 아파트 시장

대표적인 고가 아파트 시장으로 강남구와 서초구를 살펴보고 자 한다. 강남 지역과 서초 지역의 부동산 매매가격은 2006년부터 2024년 1분기까지 총 73번의 분기 중 63번 같은 방향으로 움직였다. 이는 두 지역이 거의 동일한 시장으로 인식될 만큼 밀접하게 동조화 되어 있음을 의미한다. 2007년 1분기와 2008년 4분기에 강남구와 서초구 지역은 각각 15.4%와 12.5%, 10.4%와 7.8% 수준으로 가장 큰 폭으로 하락했다. 부동산 규제 정책과 리먼 브라더스 파산으로 인 한 글로벌 금융위기 충격 때문이었다. 2010년 2분기에는 강남 8.1%, 서초 2.7% 하락을 기록했는데 유럽 재정위기와 국제 금융시장의 혼란 에다 이전 급등으로 인한 조정이 겹쳤다. 이 시기부터 2013년 3분기 까지는 약한 하락세가 지속되며 주택 시장이 정체된 모습을 보였다.

이후 2018년 3분기까지는 강남구와 서초구 모두 상승세를 보였 다. 특히 2018년 1분기에는 강남구가 13.3%, 서초구가 8.8% 상승 하며 수요 억제 정책에도 불구하고 공급 부족으로 인해 매매가격이 급등했다. 2019년 1분기에는 강남구 6.4%, 서초구 1.8% 하락을 경험 했으나 이후 금세 3분기와 4분기에 위기를 극복하는 모습을 보여줬 다. 두 시기에 강남은 각각 9.1%와 7.3%, 서초는 7.9%와 6.6% 상승 했다.

그러나 물가가 지나치게 상승하자, 인플레이션 억제를 위해 유동 성 축소와 급격한 금리 인상이 단행됐다. 부동산을 포함한 자산 가

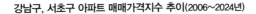

강남구, 서초구 아파트 매매가격지수 추이(2006~2024년)

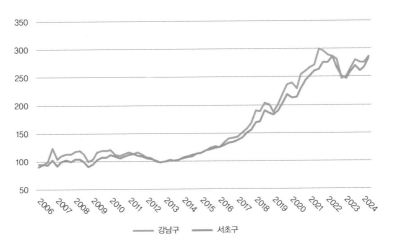

격이 하락했고 2022년 4분기에는 강남구가 11.7%, 서초구가 5.5% 하락했다. 하지만 다시 2023년 1분기와 2분기에는 강남구가 각각 5.6%와 5.2%, 서초구가 5.3%와 5.3% 상승하며 회복세를 보였다. 2023년 4분기에는 조정을 거쳐 현재 2024년 1분기에는 매매가격이 다시 상승하고 있다.

서울의 강남구와 서초구 지역은 대한민국 부동산 시장에서 핵심적인 역할을 한다. 이 지역의 고가 아파트 시장은 다음과 같은 특징을 갖고 있으며, 이는 서울 부동산 시장 전체에 큰 영향을 미친다.

첫째, 매우 높은 수요와 안정성을 자랑한다. 이 지역은 여러 요인 덕분에 주거 선호도가 높다. 교육, 교통, 상업 및 문화 시설 등 다양한 측면에서 우수한 환경을 제공해 고가 아파트에 대한 수요가 지속적으로 유지된다. 이러한 지속적 수요는 이 지역의 부동산 시장을 안정적으로 유지시키는 중요한 요소다.

둘째, 강남구와 서초구 지역의 고가 아파트 시장은 우수한 교육 환경의 영향을 많이 받는다. 대치동과 반포동은 명문 학교와 학원가가 밀집해 있어 많은 학부모들이 자녀 교육을 위해 이 지역으로 이사한다. 교육 수요는 고가 아파트 가격 상승의 중요한 요인이다. 다만 학군 이주 수요는 매매보다는 임대 시장에 더 큰 영향을 미친다.

셋째, 뛰어난 인프라와 편의 시설을 갖추고 있어 주거지로서 매력적이다. 이 지역은 지하철과 주요 도로망이 잘 발달되어 있어 서울 및 수도권 접근성이 뛰어나다. 또한 강남역, 압구정 로데오 거리, 코엑스 같은 상업 및 문화 시설이 밀집해 있어 생활 편의성이 높다. 이러한 요소들이 고가 아파트 시장의 가치를 지속적으로 상승시킨다.

마지막으로, 강남구와 서초구 지역에는 고급 아파트 단지가 많이 있으며 이들 단지는 고급스러운 인테리어, 다양한 커뮤니티 시설, 우수한 관리 서비스로 높은 주거 만족도를 제공한다. 한강변 아파트는 탁월한 조망권과 녹지 공간을 자랑하며, 여가 시설도 잘 갖춰져 있다. 이 지역의 고가 아파트는 높은 자산 가치로 인해 많은 투자 수요를 끌어들이며, 정부의 규제에도 불구하고 안정적인 가격을 유지한다. 이러한 요인들 덕분에 강남구와 서초구 지역의 고가 아파트는 투자자들에게도 매우 매력적인 투자처로 인식된다.

강남구와 서초구는 공통점을 많이 갖고 있지만 최근 들어 부동산 시장에서 서로 다른 특징을 나타내고 있다.

먼저 '강남구'는 주거지와 업무지구가 혼합된 형태다. 이 지역에는 많은 직장과 업무시설이 위치해 있어 사람들이 일하고 거주하는 곳으로서의 역할을 동시에 수행한다. 강남구 역삼동 일대의 아파트는 2000년대 초중반부터 대규모 재개발이 이루어졌다. 옛 영동아파트, 진달래아파트, 개나리아파트 등이 재개발되었고, 도곡렉슬은 2007년에 재건축이 완료되었다. 오래된 단지들이 재건축되며 현대적인 주거 환경을 갖추게 되었다.

반면에 '서초구'는 주거지의 기능이 더 강한 지역이다. 이곳은 업무지구보다는 주거지가 중심인 만큼, 주거 환경이 더욱 중요시된다. 서초구는 2020년대 이후 반포 지역을 중심으로 대대적인 재건축이 이루어지며 신축 아파트 단지로 변모했다.

강남구는 이미 재건축이 완료된 단지들이 많아진 반면, 서초구는 최근에 신축 단지들이 많이 들어서고 있다. 따라서 신축 프리미엄이 붙는 경우 서초구의 아파트 가격이 강남구보다 상대적으로 더 높아질 수 있다. 이는 서초구에 새롭게 재건축된 단지들이 많아짐에 따라 더 현대적이고 고급스러운 주거 환경을 제공하기 때문이다.

노도성(노원구, 도봉구, 성북구)_중저가 아파트 시장

노원구, 도봉구, 성북구. 일명 노도성 지역은 2006년부터 2024년

1분기까지 매매가격 흐름이 73번 중 60번 같은 방향으로 움직였다. 이들 지역 역시 하나의 시장으로 인식될 만큼 동조화된 시장이라는 의미다. 각 지역의 가격 변동은 밀접하게 연관되어 있다.

이 지역이 가장 큰 하락을 기록한 시기는 2008년 4분기와 2009년 1분기였다. 2008년 4분기에는 노원구가 12.9%, 도봉구가 12.2% 하락했으며 2009년 1분기에는 성북구가 6.9% 하락했다. 이때의 하락은 물론 부동산 규제 정책과 리먼 브라더스 파산으로 인한 글로벌 금융위기 충격 때문이었다.

이후 매매가격은 상당 기간 보합 상태를 유지하다가 2017년 3분기부터 상승세로 전환되었다. 특히 2018년 3분기에는 노원구가 7.3%, 도봉구가 8.8%, 성북구가 8.3% 상승했다. 강남구, 서초구 지역과 마찬가지로 공급 부족으로 인해 매매가격이 상승한 결과였다.

2019년 1분기의 매매가격 하락, 이후 3분기의 매매가격 급등 역시 고가 주택 시장과 유사하다. 2019년에 진입하며 노원구는 3.3% 하락하고, 도봉구는 보합(+0.5%) 상태였으며, 성북구는 3.6% 하락했다. 이후 코로나19 위기 극복을 위한 양적 완화로 세 지역은 급격한 동반 상승을 겪었다.

물가 상승을 억제하기 위한 급격한 금리 인상으로 자산 가격이 하락한 시기도 있었다. 2022년 3분기와 4분기에 노원구는 각각 9.2%와 15.9% 하락했고, 도봉구는 10.2%와 13.3% 하락했으며, 성북구는 8.2%와 14.3% 하락했다. 현재 2024년 '1분기까지' 이들 지역의

노원구, 도봉구, 성북구 아파트 매매가격지수 추이(2006~2024년)

매매가격은 하락을 멈추고 보합 상태를 유지하고 있다. 매매가격이 다시 상승 중인 강남구, 서초구 지역과는 차이가 있다.

서울의 노원구, 도봉구, 성북구는 중저가 아파트 시장의 중심지로 서울 부동산 시장 전반에 중요한 역할을 하고 있다. 이들 지역의 중저가 아파트는 다양한 면에서 매력적이어서 많은 이들에게 주거지로 활용되고 있다. 노도성 지역의 세부적인 특징을 알아보자.

먼저 노원구, 도봉구, 성북구는 서울의 다른 지역에 비해 주택 가격이 상대적으로 저렴한 편이다. 이러한 가격 경쟁력은 중산층 및 서민층이 이 지역을 주거지로 선택하는 데 중요한 역할을 한다. 경제적 여유가 상대적으로 적은 가구에게는 저렴한 주택 가격이 큰 매력으로 다가온다. 중산층과 서민층은 예산 내에서 적절한 주거지를 찾는 것이 중요하기 때문에 노원구, 도봉구, 성북구는 현실적이고 매력적인 선택지가 된다. 또한 이들 지역은 가격 대비 편의시설과 교통 접근성이 양호하여 가성비가 높은 주거지로 평가받는다. 예를 들어 노원구는 다양한 쇼핑몰, 대형마트, 공원 등의 편의시설이 잘 갖춰져 있다.

다만 노도성 지역이 최근 부동산 시장에서 가격이 정체되고 있는 이유는 몇 가지 중요한 요인들 때문이다. 우선 이 지역은 강남에 접근하기가 어렵다. 강남은 서울에서 가장 중요한 경제 중심지 중 하나로, 많은 회사가 위치해 있어 직장인들에게 매력적인 지역이다. 하지만 노도성 지역은 강남과 물리적으로 멀리 떨어져 있으며, 교통 체계도 불편해 출퇴근이 어렵다. 또한 여의도로의 접근성도 좋지 않다. 여의도는 또 다른 주요 비즈니스 중심지로, 금융 기관과 대기업이 밀집해 있다. 여의도로 출퇴근하는 사람들에게 이들 지역은 주거지로서 불편한 선택지가 된다. 노도성 지역에서 접근할 수 있는 주요 직장 중심지는 광화문 정도다. 광화문은 정부 기관과 대기업 본사들이 위치한 지역이지만, 광화문만으로는 이 지역의 부동산 수요를 충분히 끌어올리기에 부족하다.

아파트 시장은 일반적으로 직장 중심지로의 접근성에 따라 가격이 변동된다. 출퇴근을 편리하게 할 수 있는 지역일수록 선호도가 높아지고, 이에 따라 부동산 가격도 상승한다. 그러나 서울 동북 지역에는 제대로 된 직장 중심지가 거의 없다. 여러 대학교와 병원이 존재해 지역 경제와 생활환경에 긍정적인 영향을 미치긴 하지만, 직장 중심지 역할을 완전히 대체하기에는 부족하다. 대학교와 병원이 제공하는 일자리는 상대적으로 한정적이며, 이로 인해 부동산 시장에 큰 변화를 일으키지 못하고 있다

또한 이 지역은 재건축 및 재개발의 잠재력이 크지만, 이러한 재개발과 재건축이 항상 순탄하게 진행되는 것은 아니다. 현재 공사비 상승과 금융비용의 증가가 큰 걸림돌로 작용하고 있다. 건축 자재의 가격 상승, 인건비 증가, 각종 규제 및 행정 절차 등의 이유로 공사비가 예상보다 많이 들 수 있으며, 이에 따라 재건축 및 재개발 프로젝트의 경제성이 저하될 수 있다. 또한 금융비용의 증가는 대규모 프로젝트의 자금 조달을 어렵게 만들어 계획의 실행에 큰 부담이 될 수 있다. 이러한 요소들이 재건축과 재개발 진행을 어렵게 만들기 때문에 충분한 잠재력이 있음에도 불구하고 실제로 이를 실현하는 데에는 많은 도전 과제가 존재한다.

현재 노도성 지역이 부동산 시장에서 정체를 겪고는 있지만, 이 지역은 저렴한 가격 외에도 경쟁력 있는 특징이 있다. 이곳은 우수한 교육 환경과 생활 편의시설을 갖추고 있어, 자녀 교육을 중시하는 가정과 투자자들에게 매력적인 지역으로 인식되고 있기 때문이다. 노원구 중계동은 유명한 학원가로, 많은 학부모들이 자녀의 교

육을 위해 이 지역을 선택한다. 성북구는 고려대학교와 성신여자대학교 등의 명문 대학이 있어 학원가와 대학가 주변의 주거 수요가 꾸준히 유지된다.

생활 편의시설도 다양하게 있는데, 노원구 상계역 일대에는 대형 쇼핑몰과 상업 시설이 발달해 있고, 도봉구와 성북구도 음식점, 카페 등 상권이 잘 형성되어 있다. 이 지역은 공원, 병원, 도서관 등도 잘 갖춰져 있을 뿐만 아니라 자연환경 또한 뛰어나다. 노원구의 중랑천, 도봉구의 도봉산, 성북구의 북한산 등이 쾌적한 환경을 제공한다.

노도성 지역은 임대 수요가 매우 높다. 성북구는 대학생과 젊은 층이 많이 거주하며, 노원구와 도봉구는 교통이 편리하고 생활 편의시설이 풍부해 꾸준한 임대 수요를 자랑한다. 중저가 아파트는 낮은 초기 투자비용으로 안정적인 임대 수익을 기대할 수 있어 소액 투자자들에게 매력적이다. 이러한 특성으로 인해 많은 투자자가 이 지역의 중저가 아파트를 선호한다.

고가 VS 중저가 시장 비교로 보는 시사점

지금까지 강남구, 서초구를 중심으로 고가 아파트 시장을, 노도성 지역을 중심으로 중저가 아파트 시장을 살펴봤다. 둘 다 세대수가 매우 많은 편이지만 지역의 특징은 상이하다. 두 시장을 통해 얻을 수 있는 시사점을 몇 가지 짚고 넘어가자.

첫째, 고가와 중저가 아파트 상승의 시차가 존재한다. 고가 지역과 중저가 지역의 아파트 가격이 서로 다른 양상을 보이고 있다. 2024년 1분기까지 고가 아파트 지역은 가격 하락이 멈추고 다시 상승세를 보이기 시작했다. 반면에 중저가 아파트 지역은 가격 하락이 멈춘 상태에 그쳐 회복 조짐이 보이지 않았다. 중저가 지역의 아파트 가격은 같은 기간 동안 변화가 없거나 소폭 하락했다.

그러나 과거 서울 부동산 시장을 오랜 기간에 걸쳐 바라보면, 강남과 강북의 누적 상승률은 거의 비슷하게 나타났다. 강남이 먼저, 또 빠르게 상승한 것은 사실이지만 시차를 두고 강북도 비슷한 수준으로 상승했다. 따라서 앞으로도 이러한 추세가 계속될 가능성을 무시할 수 없다. 실제로 2분기 이후 중저가 지역에 변화 조짐이 나타나고 있다. 고가 지역을 따라 상승세로 전환되는 움직임이 포착된 것이다. 이번 사이클에서도 다시 한 번 두 지역 간에 상승 시차가 존재함을 확인할 수 있었다.

두 지역이 모두 상승에 접어든 건 사실이지만, 그럼에도 고가와 중저가 시장의 아파트는 가격이 벌어지고 있다.

그 이유를 예를 들어 살펴보자. 특정 시점에 고가 지역의 아파트 가격이 10억 원이고 저가 지역의 아파트 가격이 5억 원이라면, 두 아파트 간의 가격 차이는 5억 원이다. 고가 지역이 먼저 빠르게 상승해 가격이 100% 상승하면 20억 원이 되고, 저가 지역도 나중에 100%

오르면 10억 원이 된다. 이 시점에 두 지역 간의 가격 차이는 10억 원이다. 비록 고가 지역과 저가 지역의 누적 상승률이 100%로 동일하더라도, 가격의 격차는 처음 5억 원에서 10억 원으로 크게 벌어지는 것이다.

둘째, 고가 아파트 시장에서는 권역 동조화 현상이 나타나고 있다. 이는 특정 고가 지역의 아파트 가격 상승이 인접한 다른 고가 지역으로 확산되는 현상을 의미한다. 강남구에서 아파트 가격이 오르면, 이는 곧바로 인접한 분당구에도 영향을 미쳐 그곳의 아파트 가격도 상승한다. 이러한 동조화 현상은 고가 아파트 시장 전체의 가격 상승을 더욱 가속화하는 역할을 한다. 한 지역의 가격 상승이 다른 지역으로 전파되면서 고가 지역 전체의 아파트 가격이 빠르게 상승하는 결과를 초래한다. 동조화 현상은 고가 지역의 부동산 시장을 더욱 동질화하며 가격 상승의 폭을 넓히고 있다.

셋째, 중저가 아파트 시장에서는 비동조화 가능성이 나타나고 있다. 이는 중저가 지역 내에서도 아파트 가격의 움직임이 다양해지고 있음을 의미한다. 현재 성북구 같은 중저가 지역에서 아파트 가격이 상승 조짐을 보이면서, 중저가 지역 내부의 가격 동조화 현상이 깨지고 있다. 성북구 아파트 가격이 상승한다 해도 같은 중저가 지역의 다른 아파트 가격은 동일한 양상을 보이지 않을 수 있다. 일부 중저가 지역이 다른 중저가 지역보다 빠르게 가격이 상승하거나 하락하면서, 중저가 아파트 시장 내부에서도 다양한 움직임이 발생하고 있다. 앞으로 이들 지역에서 동조화 현상이 일어나는지 관찰이 필요하다.

중저가 아파트 지역에서는 일괄적인 시장 움직임보다는 개별 지역의 특성과 상황에 따라 다양한 가격 변동이 발생할 가능성이 커지고 있다. 중저가 아파트 시장은 더욱 복잡하고 다층적인 모습을 만들어가는 중이다. 이러한 차이점은 고가와 중저가 아파트 시장 가격이 서로 다른 요인들에 의해 영향을 받고 있으며, 각 시장의 특성과 동향이 뚜렷하게 구분되고 있음을 보여준다.

서울시 아파트 공급 부족 사태

향후 2~3년 뒤에는 심각한 공급 절벽이 예상된다. 특히 2026년 서울시에 예정되어 있는 역대급 공급 부족은 수요와 공급의 불균형에 따라 주택 가격의 상승을 초래할 가능성이 크다.

빨간 등이 켜진 서울시 입주 물량

서울 부동산 시장은 입주 공급량의 변화에 따라 큰 영향을 받는다. 최근 몇 년간 입주 공급량이 급격히 감소하고 있어 향후 부동산 시장에 큰 변화를 예고하고 있다. 2010년대 서울의 연평균 입주 공급량은 33,773세대였다. 이 기간 중 물량이 가장 적게 공급된 해는 2012년(약 2만 세대)으로, 이는 2010년대 평균보다 약 40% 낮은 수치였다. 이러한 공급 부족은 당시 부동산 시장에 상당한 영향을 미치며 가격 상승을 불러왔다.

2024년 한 해의 서울시 아파트 입주 공급량은 약 2만 세대인데, 이는 2010년대 평균 대비 약 40% 감소한 수치다. 과거의 최소 공급

서울시 아파트 입주 물량 추이(2010~2027년)　　　자료 출처_부동산R114, 자체 조사

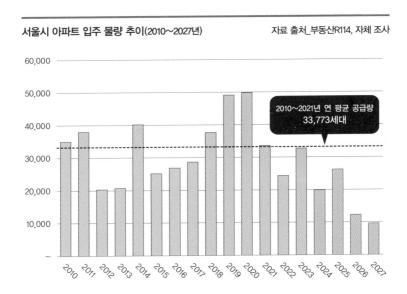

량인 2012년보다도 낮은 수준이다. 현재 부동산 시장에서도 공급 부족으로 인한 가격 상승 압력이 존재할 가능성이 크다.

향후 2025년에는 약 2만 6,000세대가 입주할 예정으로, 이는 2010년대 평균 대비 약 22% 감소한 수치다. 2024년과 비교했을 때 약간 증가한 수준이지만 여전히 평균보다는 낮다. 부동산 시장의 공급 부족 현상이 지속될 수 있음을 의미한다. 2026년에는 입주 공급량이 더욱 급격히 감소해 약 1만 2,000세대가 될 것으로 예상된다. 이는 2010년대 평균 대비 무려 64% 감소한 수치로, 서울시 부동산 시장에 심각한 공급 절벽 현상이 발생할 수 있음을 시사한다.

서울시 공급 절벽의 3가지 파급효과

향후 2~3년 뒤에는 심각한 공급 절벽이 예상된다. 서울시 아파트 입주 물량 부족으로 다양한 경제 및 사회 현상이 발생할 수 있다. 이는 서울에 한정된 이야기로 현재 다른 광역시와 지방에서는 공급 물량이 미분양으로 남아 주택 시장의 침체로 이어지고 있다. 특히 2026년 서울시에 예정되어 있는 역대급 공급 부족은 수요와 공급의 불균형에 따라 주택 가격의 상승을 초래할 가능성이 크다. 지금부터 이번 공급 절벽이 불러올 3가지 현상을 알아보고자 한다.

첫째, 서울시 주택 가격이 상승한다. 주택에 대한 수요는 꾸준히 존재하지만, 공급이 충분하지 않으면 자연스럽게 주택 가격이 오르게 된다. 사람들이 주거를 필요로 하는 만큼, 주택에 대한 수요는 일정하게 유지된다. 그러나 새로 지어지는 주택이 부족하면, 시장에 나와 있는 기존 주택에 대한 경쟁이 치열해진다. 주택을 구입하거나 임대하려는 사람들은 자연스럽게 더 높은 가격을 지불해야 하는 상황에 처한다. 또한 주택 가격이 상승할 것이라는 기대감이 형성되면 투기 수요가 증가해 가격 상승을 더욱 부추길 수 있다. 투기 수요란 주거 목적이 아니라 가격 상승에 따른 이익을 기대하고 주택을 구매하려는 수요를 의미한다. 사람들이 주택 가격이 계속 오를 것이라고 믿으면 더 많은 사람이 주택을 사두려는 경향이 생긴다. 이는 주택 시장에 추가적인 수요를 불러일으켜, 이미 부족한 공급 상황을 더욱 악화시킨다. 결론적으로 서울의 입주 물량이 부족할 경우 주택 가격 상승이라는 경제적 현상이 발생하며, 이는 수요-공급 불균형과 투기 수요의 증가로 인해 더욱 심화될 수 있다. 이러한 문제는 주택 시장 전반에 걸쳐 많은 영향을 미칠 수 있다.

둘째, 전세 및 월세 가격이 상승할 가능성이 크다. 신규 주택 공급이 부족해지면 전세 시장에 나오는 물량도 감소한다. 이에 따라 전세를 찾는 사람들 사이의 경쟁이 치열해지고, 전세가격이 오르게 된다. 전세는 한 번에 큰 금액의 보증금을 걸고 일정 기간 월세 없이 거주하는 임대 방식이다. 전세가격이 급등하면 전세를 구하려는 사람들은 높은 보증금을 감당하기 어려워지고, 따라서 많은 전세 수요자가 전세를 포기하고 월세로 전환하는 선택을 하게 된다. 월세는 매달 일정 금액을 지불하는 임대 방식으로, 초기 비용 부담이 적지만 장기적으로는 주거비가 더 많이 들 수 있다. 전세 수요자들이 월세로 전환하면 월세 주택에 대한 수요가 증가하며 월세 가격도 자연스럽게 상승한다. 결국 전세와 월세 모두 가격이 상승하면서 가계의 주거비 부담이 크게 증가할 수 있다. 높은 주거비는 가계의 다른 소비를 줄이며 생활수준을 저하시키는 결과를 낳는다.

셋째, 주거 안정성이 악화될 수 있다. 주택 가격과 전세 및 월세 가격이 모두 상승하면 저소득층은 안정적인 주거를 확보하기 어려워진다. 저소득층 가구는 주택을 구입할 경제적 여유가 없기 때문에 주로 전세나 월세로 거주한다. 그런데 전세와 월세 가격이 모두 상승하면 이들이 감당해야 할 주거비용이 크게 증가한다. 높은 주거비를 감당하기 어려운 저소득층은 안정적으로 거주할 수 있는 주거지를 찾기 힘들어지고, 결국 주거 불안정을 겪게 된다.

앞으로 몇 년간 서울시 입주 물량 부족은 명백하며 우리는 눈앞에 닥친 현실에 맞는 선택을 해야 한다. 우선 공급 부족은 다양한 사회적 문제와 파급효과를 불러오는 만큼, 정부 당국은 주택 공급을 확대하고 임대차 시장을 안정시키기 위해 정책적인 노력을 해야 할 것이다. 그러나 개인으로서는 시각을 달리 볼 필요가 있다. 변화는 언제나 누군가에게는 위기가 되고 또 다른 사람에게는 기회가 된다.

서울시 주택 가격 상승을 비롯해 공급 부족이 불러올 효과를 인지하고, 자신의 상황에 맞는 의사결정을 해야 할 것이다.

 [교양이를 부탁해] 국토부 19만호 누락에도 서울 전셋값 무섭게 오르는 이유

 [교양이를 부탁해] 서울의 부족한 입주물량…집값 어디까지 흔들까

 [손에 잡히는 경제] 서울 집값, 대세가 기울었다

 [KBS 머니올라] 2024년 집 살 때일까?

 [김작가TV] 부동산 집값 싹 다 물갈이 된다

2025년 부동산 투자 빅이슈 TOP 6

슈퍼사이클
_서울 아파트 대세상승의 신호탄

2024년 슈퍼사이클 역시 마찬가지다. 강남구가 서울시 전역보다 먼저 상승으로 돌아선 후, 서울은 한 달이 지난 4월 첫째 주에 상승에 돌입했고, 노원구는 그보다 늦은 6월 첫째 주에 상승이 시작됐다.

부동산 이동평균선의 골든크로스

앞서 필자의 연구실에서 장·단기 이동평균선을 활용해 서울 부동산 슈퍼사이클을 확인했다고 썼었다. 서울시 부동산 가격의 골든크로스가 일어났다. 이번 이슈1에서는 이에 대해 자세히 알아볼 것이다. 우선 이동평균선 개념이 익숙지 않은 독자들을 위해 주식시장에서 대세상승을 확인하는 일반적인 방법을 설명하고자 한다.

주식시장의 흐름을 파악하기 위해 가장 널리 사용되는 지표로 '이동평균선'이라는 개념이 있다. 이동평균선이란 특정 기간 주가의 평균을 연결한 선으로, 평균하는 기간에 따라 '단기 이동평균선'과 '장기 이동평균선'으로 구분된다. '단기 이동평균선'은 주로 5일, 10일, 20일 등의 짧은 기간에 대한 평균가격 흐름을 나타내며, '장기 이동평균선'은 50일, 100일, 200일 등의 장기간에 대한 평균적인 가격 추세를 나타낸다. 주식시장에서는 이러한 단기 이동평균선과 장기 이동평균선 간의 관계를 통해 전반적인 시장의 추세를 파악하는데, 예를 들어 단기 이동평균선이 장기 이동평균선을 상향 돌파하는 경우(골든크로스), 이는 단기적으로 주가의 상승세가 강화될 수 있다는 대세상승의 신호로 해석된다. 반대로 단기 이동평균선이 장기 이동평균선을 하회하는 경우(데드크로스)에는 대세하락으로의 전환으로 해석할 수 있다.

동질적인 자산(종목)의 거래가 실시간 집계되는 주식시장에서는 이동평균선을 통해 단기간 주가의 추세 파악이 가능한 반면, 그간

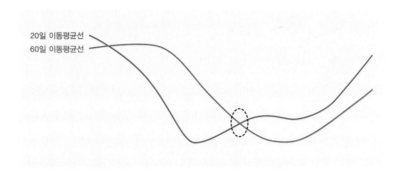

단기 이동평균선이 장기 이동평균선을 하향 돌파하는 경우(데드크로스)

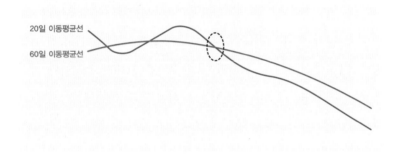

부동산은 다양한 이유로 장·단기 이동평균선 관계를 통한 추세 분석이 힘들었다. 부동산 시장에는 너무나 다양하고 이질적인 주택들이 산재해 있어 이들의 특징을 보정해줘야 하기 때문이다. 예를 들어 역삼동 25평 아파트와 공덕동 33평 아파트는 위치도 다르고 크기도 다르며 주변 환경도 다를 것이다. 따라서 이런 다양한 차이점들을 보정해야 한다. 이에 더해, 주식은 같은 종목의 주식이 초단위로 거래될 수 있는 데 반해, 동일한 물건의 부동산은 매우 긴 시간을 두고 거래가 이루어진다. 즉 부동산은 주식에 비해 매우 이질적인 물건들로 조성되어 있으며 심지어 거래 빈도도 매우 낮다는 것이다. 따라서 기존의 방법론을 이용하면 대부분 1~3개월 주기의 가격지수를 만들 수밖에 없었고 이 정도의 주기로는 장·단기 흐름을 비교해 시장을 예측하기 쉽지 않다.

필자의 연구실에서는 '자동가치산정모형(AVM; Automated Valuation Model)'을 통한 7일 단위의 단기 가격지수를 개발했는데, 이를 통해 1주일이라는 짧은 기간에 대한 부동산 가격 흐름을 파악할 수 있게 됐다. AVM이란 빅데이터와 인공지능 기술을 통해 부동산 가치를 자동으로 산정하는 시스템으로, 이를 활용하면 빠른 시간 내에 서로 다른 주택 자산 간의 특성을 보정한 정확한 가격지수 산출이 가능하다.

AVM 가격지수를 기반으로 하면 단기 이동평균선(7주)과 장기 이동평균선(24주)을 구축해 주택 시장의 대세 흐름을 파악할 수 있다. 주식시장과 마찬가지로 단기 이동평균선이 장기 이동평균선보다 높아지면 대세상승, 반대로 단기 이동평균선이 장기 이동평균선보다 낮아지면 대세하락의 신호로 해석할 수 있다. 그럼 이제 2025년 서울 부동산 시장은 어느 곳에 와 있는지, 그 결과를 본격적으로 살펴보겠다.

서울 아파트 시장의 슈퍼사이클이 시작되다

AVM 기반의 주택가격지수를 바탕으로 서울 아파트 시장의 단기 이동평균선(7주)과 장기 이동평균선(24주)을 그려보면, 두 이동평균선의 접점이 실제 시장의 대세상승 또는 하락 시점과 정확히 일치하는 것을 확인할 수 있다. 이는 주식시장과 같이 부동산 시장에서도 이동평균선을 통해 대세하락 또는 상승 신호를 어느 정도 파악할 수 있음을 시사한다. 부동산 시장의 이동평균선을 통해 살펴본 서울 아파트 시장의 흐름은 다음과 같다.

2008년 9월~2009년 12월: 혼돈기

글로벌 금융위기가 시작된 2008년부터 2013년 초까지 서울 주택 시장은 하락과 상승을 반복하는 매우 혼란스러운 모습을 보여줬다. 글로벌 차원의 거대한 위기였던 만큼, 한국은 서구에 비해 안정적인 경제 상황이었음에도 부동산 위기를 피할 수 없었다. 글로벌 위기가 시작된 2008년 9월부터 7개월간 부동산 가격은 대폭락을 경험했다. 이에 한국은행은 기준금리를 단기간에 5%에서 2%대로 무려 300bps를 낮췄고, 2009년 3월 말부터 시장이 살아났다. 이 상승세는 2009년 12월까지 이어졌다. 2008년 중반부터 2009년 말까지의 18개월은 급락과 급등을 경험한 롤러코스터 장세였다.

서울 아파트 시장 장·단기 이동평균선(2008~2013년)

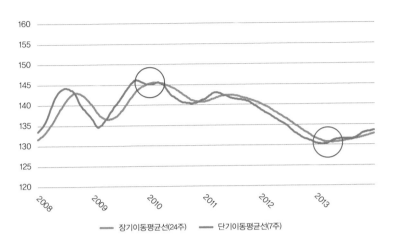

─── 장기이동평균선(24주) ─── 단기이동평균선(7주)

2010년 1월~2013년 2월: 대세하락기

글로벌 위기 이전 수준으로 회복됐던 가격은 2010년에 들어서면서 대세하락에 들어갔다. 2010년 11월부터 2011년 4월까지 6개월간 일시적인 상승세를 보였으나, 이는 기술적 반등에 불과했다. 당시 6개월간 가격은 정체 수준에 머물렀기 때문이다. 그러나 2011년 6월부터는 가격이 다시 심각하게 하락하기 시작했고, 2013년까지 하락세는 계속됐다. 대세하락기는 대략 38개월에 이른다.

2013년 3월~2022년 1월: 최장기간 대세상승기

글로벌 금융위기로 인한 부동산 시장의 불확실성이 어느 정도 해소된 2013년 3월부터 시장은 다시 대세상승에 돌입했다. 이러한 상

서울 아파트 시장 장·단기 이동평균선(2013~2024년)

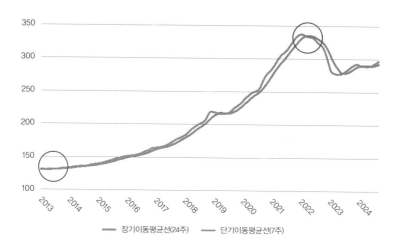

장기이동평균선(24주)   단기이동평균선(7주)

승세는 2022년 1월까지 장기간 이어졌다. 2019년 2월부터 5월까지 15주간의 일시적 하락이 있었지만, 이후 2019년 5월 중순부터 다시 상승을 시작해 2022년 1월 말까지 대세상승을 이어갔다.

2022년 2월~2024년 3월: 대세하락기~정체기

2022년에 들어 서울 부동산 시장은 급등한 가격에 대한 부담감과 금리 인상에 대한 우려 등으로 인해 하락하기 시작했다. 2022년 2월부터 2023년 5월 초까지 15개월간의 폭락세를 보인 후, 2023년 5월 중순부터 단기 이동평균선이 장기 이동평균선을 상향 돌파하면서 다시 반등해 11월까지 상승했다. 그러나 주택 가격은 방향을 바꿔 2023년 12월부터 2024년 3월까지 다시 한 번 하락했는데, 이 기간

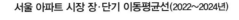
서울 아파트 시장 장·단기 이동평균선(2022~2024년)

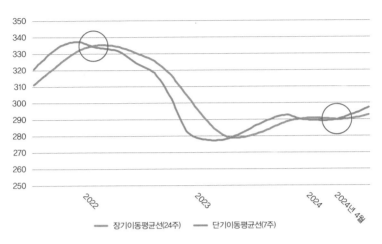

— 장기이동평균선(24주)　　— 단기이동평균선(7주)

의 지수를 보면 가격이 실질적으로 크게 떨어졌다기보다는 정체 상황이었다.

2024년 4월~현재: 상승기 진입

2024년 4월은 이전까지의 정체기를 완전히 탈피한 모습을 보여줬다. 이는 서울시 아파트의 매매와 임대 거래 비중에서도 여실히 나타난다. 분기별로 볼 때 전체 거래량에서 매매 거래 비중이 늘어나는 추세가 확연히 나타나고 있는데, 사람들이 임대 시장에서 매매 시장으로 돌아섰음을 뜻한다. 이는 슈퍼사이클의 초입이라 볼 수 있다.

물론 많은 사람들이 이런 불경기에 어떻게 부동산 가격이 더 오를 수 있는지, 과거보다 이자율이 더 비싸고 금융규제가 심해졌는데 그게 정말 가능한 일인지 물을 수 있다. 후술하겠으나 이러한 의문에 대한 답은 미국 주택 시장이 보여주고 있다. 과거보다 3배나 높은 수준의 주택담보대출 금리에도 미국 주택 가격은 2023년 중반 이후 상승으로 돌아섰다.

강남구 아파트는 이미 출발했다

서울의 시세 상승을 견인하는 강남구 아파트 가격 추세를 살펴보면, 상승 또는 하락 시점에 있어서 약간의 차이가 있지만 대체로 서울 전체와 유사한 흐름으로 움직인다.

강남구 아파트 시장 장·단기 이동평균선(2020~2024년)

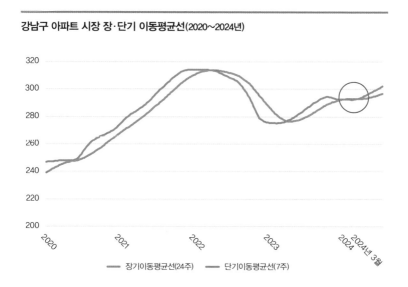

장기이동평균선(24주)   단기이동평균선(7주)

2013년에 서울과 같이 대세상승장에 돌입한 강남구 아파트 시장은 2022년에 들어 높은 가격과 금리 인상 우려 등으로 인해 하락하기 시작했다. 서울 전역보다 1~2개월 더 늦은 2022년 4월부터 13개월간 하락세가 이어졌다. 급격한 가격 하락 이후, 서울시 전체보다 2주가량 빠른 2023년 5월부터 다시 상승장에 돌입했으며, 2023년 11월까지 약 7개월간의 상승세를 보였다. 왼쪽 그래프에서도 보이듯 이때 단기 이동평균선이 장기 이동평균선을 상향 돌파하는 골든크로스가 일어났다. 이후 강남구는 2023년 12월 초부터 2024년 3월 초까지 3개월간의 일시적 하락을 겪은 후, 서울시 전체보다 1개월가량 빠른 2024년 3월 초부터 다시 상승을 이어갔다.

전반적으로 강남구는 서울시 전역보다 조금 앞서 반등이 시작되고, 하락은 늦게 시작되는 경향이 있는 것으로 나타났다. 2024년에 들어 강남구 아파트는 서울시 평균 대비 약 1개월, 후술할 노원구 대비 2개월가량 앞서며 이미 대세상승장으로 전환했다.

서울시 전체, 강남구 아파트의 상승·하락 시점 비교(2020~2024년)

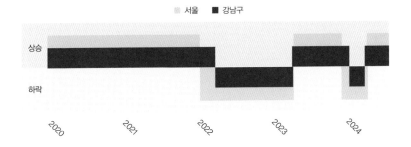

노원구 아파트는 어디로 향할까?

이번에는 대표적인 서민 아파트 밀집 지역인 노원구를 살펴보겠다. 노원구 아파트 시장 역시 서울 전역과 동일하게 움직이나 상승 또는 하락 전환 시점에는 약간의 차이가 있다.

노원구 아파트는 서울보다 1개월, 강남구보다 2~3개월 더 빠른 2022년 1월에 하락세로 먼저 전환했다. 그래프를 보면 이때 단기 이동평균선이 장기 이동평균선을 하회하는 데드크로스가 일어났다. 또한 약 17개월간의 하락기 이후, 서울보다 3주가량 늦은 2023년 6월 초에 다시 상승세에 돌입해 6개월간 가격 상승을 이어갔다.

2023년 11월 말부터는 서울보다 2주 정도 앞서 하락세로 전환했

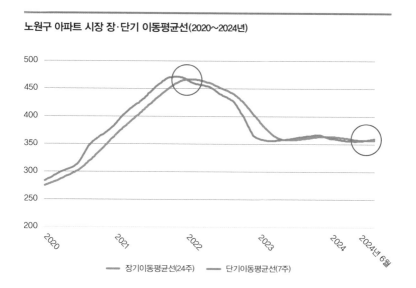

노원구 아파트 시장 장·단기 이동평균선(2020~2024년)

다. 이후 다시 상승 전환되며 슈퍼사이클에 진입한 서울시 전체(4월)와 강남구(3월) 아파트 시장과는 달리, 노원구는 상승으로의 전환이 늦었다. 노원구는 서울 및 강남구 아파트의 상승장을 몇 개월가량 후행하며 따라가는 경향이 있는데, 노원구 역시도 결국 2024년 6월 슈퍼사이클에 진입했다.

상승과 하락의 사이클이 주는 인사이트

장기 이동평균선과 단기 이동평균선 비교 분석을 통해 우리가 시장 사이클에 대해 얻을 수 있는 인사이트는 다음과 같다.

첫째, 가격 상승기에는 강남구가 서울 전역에 비해 상승이 1~2개월가량 선행하는 데 반해, 노원구는 서울 전역이 상승장에 진입한 후 후행해 상승장에 들어간다. 고가 주택에 대한 수요가 먼저 몰린

서울시 전체, 노원구 아파트의 상승·하락 시점 비교(2020~2024년)

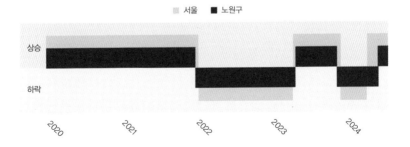

후, 서민 주택으로 수요가 확산되는 패턴이 나타나는 것이다. 2024년 슈퍼사이클 역시 마찬가지 흐름을 보여준다. 강남구가 서울시 전역보다 먼저 상승으로 돌아선 후(2024년 3월 첫째 주), 서울은 한 달이 지난 4월 첫째 주에 상승에 돌입했고, 노원구는 그보다 늦은 6월 첫째 주에 상승이 시작됐다.

둘째, 부동산 상승기와 하락기는 매우 장기간에 걸쳐 나타난다. 부동산은 주식처럼 짧게 보유하고 빠르게 매도할 수 있는 상품이 아니고 최소 몇 년은 보유하는 상품이다. 따라서 사이클에 변화가 일어나는 경우, 가격 변화는 매우 장기간에 걸쳐 진행된다. 2010년대의 하락기는 38개월(2010년 1월 초~2013년 2월 말)에 이르렀으며, 상승기는 무려 8년 11개월, 즉 107개월(2013년 3월 초~2022년 1월 말)이어졌다. 상승기가 하락기보다 더 길다는 특징이 보인다. 물론 저번 상승기에는 2020년 이후의 초저금리로 인한 예외적 상황이 있었다는 점을 감안해야 한다. 또한 대세상승기 혹은 하락기에도 일시적인 기술적 하락(혹은 정체), 상승이 나타난다는 것을 인지해야 한다.

셋째, 부동산 사이클이 짧아진다. 2010년대의 하락기는 38개월(2010년 1월 초~2013년 2월 말)간 이어졌으나, 2022~2023년의 하락기는 26개월로 앞선 하락기의 3분의 2 수준이었다. 이 사실을 기억하고 현재에 적용해볼 필요가 있다. 2013년 이후 슈퍼사이클이 상승기로 전환되며 매우 장기간에 걸쳐 가격이 상승했었다. 그런데 하락기의 사이클이 짧아졌다면 정체기 혹은 상승기의 사이클도 짧아질 가능성이 존재한다.

인플레이션
_부동산 상승의 기폭제

서울시 아파트 월세 시장은 2020년을 기점으로 이전과 매우 달라진 것이다. 전 세계 모든 도시에서 인플레이션으로 인해 월세가 폭등했다. 서울에서도 같은 현상이 나타난 것을 부인할 수 없다.

전 세계에서 월세 폭등이 일어나다

인플레이션은 복합적인 경로를 통해 주택 시장에 충격을 주는데, 크게 두 개의 측면(수요와 공급)으로 설명할 수 있다. 수요 측면에서 인플레이션은 주택 구매 수요를 증가시킴으로써 주택 가격을 상승시킨다. 인플레이션이 발생하면 화폐의 구매력이 감소하는데, 이러한 화폐가치 하락을 헷지Hedge하는 수단으로 실물자산이 주목받기 때문이다. 즉 재화(돈)의 가치가 떨어지기 때문에 재물 중 가장 큰 금액을 자랑하는 부동산에 대한 수요로 연결될 수 있다.

수요 측면에서 부동산이 매력적으로 보이게 하는 다른 요인은 임대료 폭등이다. 인플레이션은 물가 상승을 의미하는 만큼, 임대료역시 상승시킨다. 임대료가 오른다는 것은 집주인 측면에서 보면 주택 가격이 같을 때 부동산의 투자수익률이 올라가는 것이기 때문에 부동산을 구매할 유인이 강해진다. 인플레이션이 글로벌 현상이 된 이후, 전 세계 주요 도시들의 월세는 대폭등했다. 2023년 말 뉴욕의 임대료는 팬데믹 이전인 2019년 대비 30% 폭등했다.[1] 베를린 역시 동기간 월세가 34% 폭등했는데, 특히 2023년은 2022년 대비 18% 상승한 것이다.[2]

우리나라도 예외가 아니다. 서울 아파트 가격은 2020년 1분기를 기점으로 대폭등하기 시작했다. 사실 2010년대를 통틀어 서울 아파트 월세는 큰 오름세를 보이지는 않았다. 25평형대의 경우 120만 원을, 33평형대의 경우 170만 원을 기준으로 약간의 움직임이 있었을 뿐이다. 2010년대 25평형대는 대략 110만 원에서 130만 원 사이, 33평형대는 150만 원에서 185만 원 사이의 움직임을 보였다.

그런데 팬데믹이 시작되면서 아파트 월세가 폭발적으로 상승하기 시작해, 2020년 4분기에는 전년 대비 25%(33평형), 11%(25평형), 2021년 4분기에는 전년 대비 19%(33평형), 17%(25평형), 2022년 4분기에는 전년 대비 5%(33평형), 8%(25평형) 상승했다. 2019년 말부터 2024년 2분기 현재까지의 누적 상승률은 무려 55%(33평형), 40%(25평형)다. 즉 서울시 아파트 월세 시장은 2020년을 기점으로 이전과 매우 달라진 것이다. 전 세계 모든 도시에서 인플레이션으로 인해 월세가 폭등했다. 서울에서도 같은 현상이 나타난 것을 부인할 수 없다.

서울시 33평형, 25평형 아파트 평균 월세 추이(2011~2024년)

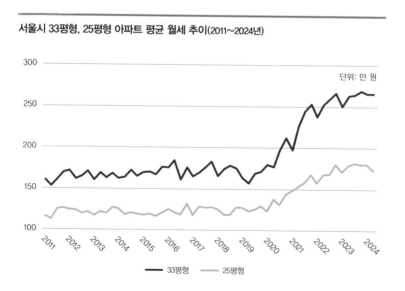

단위: 만 원

임대료 상승이 집값을 끌어올리는 이유

부동산은 거주하는 보금자리이기도 하나, 투자 상품으로서의 기능도 존재한다. 따라서 부동산에 투자하고 얻을 수 있는 수익률 역시 매우 중요한 요소다. 월세와 관련해서는 아주 짧은 기간에 월세가 빠르게 상승했다면, 부동산 투자수익률이 매력적으로 변한다.

예를 들어 1년 임대료 수입이 1,000만 원이고 주택 가격이 5억 원이라고 가정하자. 이 경우의 투자수익률은 2%(=1,000만 원÷5억 원)이다.

$$투자수익률 = \frac{1년\ 치\ 임대료}{부동산\ 가격}$$

그런데 임대료가 50% 상승해 1년 월세가 1,000만 원에서 1,500만 원이 되었다고 하자. 주택 가격이 여전히 5억 원이라면 투자수익률은 3%(=1,500만 원÷5억 원)가 된다. 투자수익률이 2%에서 3%로 빠른 기간에 올랐다면, 다양한 투자자들이 부동산에 관심을 갖기 시작한다. 사람들마다 요구수익률이 다를 수 있는데, 어떤 사람은 원하는 최저 수익률이 2%일 수 있고 어떤 사람은 부동산은 위험자산이니 부동산 투자 시에는 3%는 돼야 한다고 할 수도 있다. 2% 수익률에 만족하는 사람이라면 3% 수익률의 부동산은 너무나 매력적으로 비치게 된다. 과거에는 5억 원 가치의 부동산에 투자하면 1년에 1,000만 원을 벌었는데, 이제 1,500만 원으로 과거보다 임대료 수입이 더 늘었기 때문이다. 그래서 그는 5억 원보다 조금 높은 금액을 주고서라도 부동산을 매입하고자 하는 열망이 생기기 시작하고, 결국 7억 5,000만 원까지 지불할 용의를 갖게 된다. 자신의 요구 수익률인 2%에 맞춰지는 부동산 가격이 7억 5,000만 원이기 때문이다.

$$\text{투자수익률(2\%)} = \frac{\text{1,500만 원}}{\text{7억 5,000만 원}}$$

그는 요구수익률 2%에 도달하는 구간까지는 충분히 부동산에 지불할 의사가 생기기에, 5억 원이 아니라 6억 원에도 주택을 살 의향이 있고, 7억 원 그리고 7억 5,000만 원까지도 지불할 의사를 갖게 된다. 이런 사람들이 많아진다면 부동산 가격은 상승할 가능성이 매우 높아진다. 수익률이 고작 1p% 상승했음에도 부동산 가격은 5억 원에서 7억 5,000만 원으로 50% 상승할 가능성이 존재한다. 임대료 폭등이 부동산 가격을 상승시키는 원리다.

시공비는 내려간 적이 없다

인플레이션은 경제 전반에 걸쳐 큰 영향을 미치며, 특히 건설비용에 상당한 변화를 야기한다. 인플레이션은 목재, 철강, 콘크리트, 구리 등 건설에 사용되는 원자재 가격을 상승시킨다. 이러한 필수 자재의 가격이 상승하면 전체 건설 프로젝트 비용도 증가하게 된다.

자재 생산자와 공급업체는 상승한 비용을 건설회사와 디벨로퍼에게 전가하기 때문에 건설회사의 부담이 커진다. 그래서 원자재 가격 상승은 자연스레 건설비용 상승으로 연결된다.

또한 인플레이션은 임금에도 영향을 미친다. 생활비가 상승함에 따라 노동자들은 증가된 비용을 충당하기 위해 더 높은 임금을 요구하게 된다. 많은 인력을 필요로 하는 건설 산업의 특성상 건설 노동자, 엔지니어 및 기타 인력의 임금 인상은 건설 프로젝트의 전체 비용을 증가시킨다.

인플레이션이 일어나면 중앙은행은 종종 인플레이션을 억제하기 위해 금리를 인상하는데, 금리 인상은 자금 대출 비용을 상승시킨다. 대출을 일으켜 개발 프로젝트 비용을 조달하는 디벨로퍼들은 더 높은 이자에 직면하게 되고 건설 총 비용은 또 한 번 증가한다.

따라서 인플레이션이 오는 경우 원자재 가격 상승, 임금 인상, 대출 비용 증가 등으로 전체 시공비가 상승하는 것은 너무나 당연한 결과다. 관건은 시공비 상승의 규모가 어느 정도인지 그리고 이의 파급 효과(건설 지연 및 인허가 물량 감소)가 얼마나 클지다.

현재 우리나라의 시공비 상승 수준은 전년도 동월 대비 시공비 상승률을 볼 때, 2008년 글로벌 금융위기 이후 가장 심각한 수준이다. 글로벌 금융위기가 본격화됐던 2008년 10월 전년 동월 대비 17% 인상 폭을 기록한 후, 2010년대 평균 상승률은 3.3%에 불과했다. 그러나 2020년 이후 팬데믹의 여파와 글로벌 공급망 붕괴로 2021년

11월 시공비 상승률은 무려 14.2%에 달했다.

2010년 이후, 시공비 시계열 분석에서 나타나는 큰 특징은 두 가지다.

첫째, 시공비는 이전보다 감소한 적이 없다. 이론상 경기가 둔화되면 원자재 수요가 줄어들어 원자잿값이 하락할 수 있고 종국에는 시공비도 하락할 수 있다. 하지만 2010년 이후, 그런 일은 발생하지 않았고 시공비는 지속적으로 꾸준히 상승해왔다.

전년도 동월 대비 시공비 상승률(2001~2024년)　　　자료 출처_공사비원가관리센터

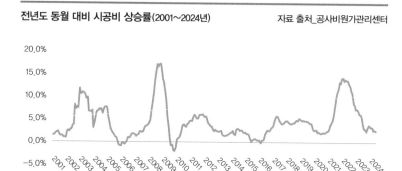

건설공사비 지수 추이(2010~2024년)　　　자료 출처_공사비원가관리센터

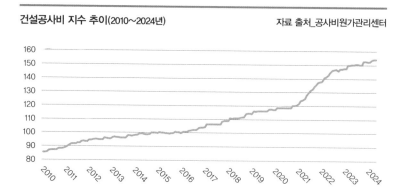

둘째, 2020년 이후 현재까지의 시공비 누적 상승률이 매우 높다. 연간 상승률만 보면 2023년 이후 상승률이 전에 비해 감소한 것으로 보인다. 그러나 더 눈여겨봐야 할 부분은 2024년 중반 현재, 시공비가 2020년 대비 무려 30% 폭등했다는 점이다.

요약하면 시공비는 팬데믹 이전 대비 퀀텀 점프해 매우 높은 수준을 유지하고 있으며 과거 통계를 볼 때 시공비가 내려갈 가능성은 희박하다는 것이다. 이것이 현실이다.

시공회사와 조합 간 공사비 인상에 대한 대립 등 건설 공사와 관련한 분쟁을 신문에서 심심치 않게 볼 수 있다. 시공비 급등은 건설 준공시점을 연기시키거나 아니면 아예 시공 자체를 불가능하게 해 인허가의 급감을 가져온다. 신규 공급의 절벽이 나올 수밖에 없다. 그렇다면 신규 공급이 부족한 상황에서 아파트 시장에는 두 가지 현상이 나타날 수 있다.

첫째, 신축 아파트 물량 공급이 과거에 비해 적어, 신축 아파트가 구축 아파트보다 더 높은 프리미엄을 갖게 된다. 사람들은 같은 가격이면 신축 아파트를 선호한다. 그런데 신축 아파트가 시장에서 차지하는 비중이 점점 적어진다면, 신축 아파트는 더욱 희소해지며 당연히 프리미엄이 붙는다.

둘째, 만약 신축과 구축 아파트 간의 가격 차이(혹은 분양과 구축 아파트 간의 가격 차이)가 지나치게 벌어지는 경우, 사람들은 약간의 불편을 감소하거나 혹은 약간의 추가 비용을 들여 리모델링을 하는 선에서 구축 아파트 매매로 돌아설 수 있다. 만약 이에 더해 아파트 전세가격까지 상승하는 모습이 나타난다면 구축 아파트 역시 사람들의 관심 망에 들어갈 수밖에 없다.

글로벌 주택 시장은 상승 흐름을 타고 있다

앞으로의 공급 부족은 서울에만 한정된 이야기가 아니다. 글로벌 도시들 역시 시공비 상승으로 인한 공급 부족을 예측하고 있고, 그 영향이 부동산 시장에 선반영되고 있다. 즉 이 현상을 이미 인지한 시장 참여자들이 매매 시장으로 관심을 갖기 시작했다.

뉴욕 맨해튼의 경우 2022년 중반 연준의 금리 인상 이후 1년 이상 주택 가격이 하락했으나, 인플레이션으로 인한 신규 공급 부족과 임대료 상승으로 2023년 중반부터 오름세로 전환했다.[3] 높은 금리에도 불구하고 주택담보대출 없이 전액 현금으로 매입하는 구매자의 비중이 2023년 4분기 기준 전년 동기 대비 17% 이상 급증하면서 맨해튼 아파트 가격의 상승세를 이끌었다.

유럽 주요 도시들 역시 인플레이션과 주택 부속 등의 영향으로 2024년에 들어 주택 시장이 상승세로 돌아서는 조짐을 보이고 있다. 독일 베를린의 주택 시장은 2023년까지 하락했으나 2024년 1분기에 들어서는 0.3%로 소폭 오름세를 보였다. 또한 주택 구매자 수역시 전년 대비 21%나 상승하며 매매 시장이 회복되는 신호가 나타났다.[4]

영국 런던의 경우, 경기 침체와 높은 금리로 인해 2022년 중반부터 2023년 말까지 주택 가격이 18개월 연속 하락세를 보이다가 2024년에 들어 처음으로 상승세로 돌아섰다. 2024년 1분기 기준 런던 중심부는 0.1%, 런던 외곽은 0.7%의 가격 상승을 보이며 런던 내 대부분 지역의 주택 시장이 상승 흐름으로 전환한 것으로 나타났다.[5]

Information ————————————

미국 부동산으로 보는 인플레이션 헷지

미국 주택 시장에서도 인플레이션과 부동산 가격 간의 높은 상관관계가 나타난다. 지난 30년 동안의 미국 주택 가격지수와 소비자 물가지수 간 관계를 살펴보면, 경기 상황에 따른 예외가 있을 수 있지만 주택 가격은 일반적으로 인플레이션과 함께 상승하는 경향을 보여왔다. 인플레이션이 극심했던 1970년대 상황을 보면, 대부분의 시기에 주택 가격 상승률이 물가상승률보다 높음을 알 수 있다. 당시 1970대 중반과 후반, 두 차례 걸쳐 발생했던 오일 쇼크 그리고 불경기 속 물가 상승에도 불구하고 미국 전역의 주택 가격이 상당한 수준으로 상승했던 것이다.

2020년 이후의 미국 물가상승률과 주택 가격 상승률을 비교해봐도 1970년대 상황과 비슷하다. 2020년 이후는 미국이 팬데믹에 대응하기 위해 어마어마한 자금을 시중에 풀면서 자산 가격이 크게 뛰고 실물

미국 주택 가격 상승률과 물가상승률(1971~1979년)

자료 출처_Fed

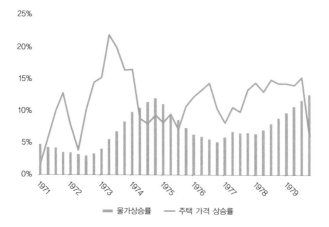

■ 물가상승률 ─ 주택 가격 상승률

경기도 활황이었던 만큼, 미국 전역에서 주택 가격 상승이 상당했다. 그러나 2022년 미국 기준금리가 인상되기 시작하면서 미국 주택담보 대출 금리가 폭등하자(2022년 1월 3.4%에서 2022년 10월 6.8%로 폭등) 주택 가격은 2022년 6월부터 하락하기 시작했다. 많은 사람들은 2023 년 미국 주택담보대출 금리가 6% 후반에서 7% 선에 이르렀기 때문에 (심지어 2023년 10월 주택담보대출 금리는 7.6%로 2010년 이후 가장 높은 상태였다), 주택 가격이 정체 또는 하락하리라 생각했다. 그런데 사람들의 예상과 달리 그 높은 금리에도 불구하고 미국 주택 가격은 예상보다 빠른 2023년 3월부터 다시 반등하기 시작해 현재까지 지속 상승 중이다. 즉 미국 주택 가격은 2022년 6월부터 2023년 2월까지 9개월 이라는 짧은 하락 기간을 거친 후 2023년 3월부터 상승세로 반전했다.

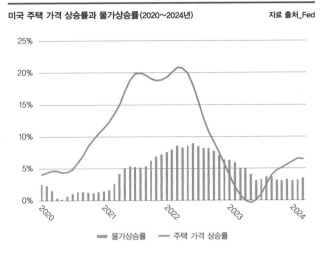

미국 주택 가격 상승률과 물가상승률 (2020~2024년)

25%

20%

15%

10%

5%

0%

2020　2021　2022　2023　2024

■ 물가상승률　── 주택 가격 상승률

S&P의 케이스–쉴러 주택 가격지수에 의하면, 2023년 2월부터 2024년 3월까지 13개월간 주택 가격은 미국 전국 평균으로 7.9% 상승했다. 이는 미국 내 모든 도시들의 가중 평균인 만큼 뉴욕과 같은 도시의 동기간 상승 폭은 더 크다. 뉴욕시의 경우 같은 기간 10% 상승했다. 결국 인플레이션으로 인한 구매력 하락을 방어할 수 있는 최고의 수단은 부동산이다. 주택 가격은 일반적으로 인플레이션과 함께 상승한다. 가장 강력한 인플레이션 헷지 수단이 부동산임을, 미국 주택 시장이 다시 확인시켜주고 있다.

전세가격 폭등
_매매로의 전환을 이끌다

전세가격은 2023년 2분기부터 현재까지 지속적으로 상승 중이며 전세가격 최고 시점이었던 2022년 가격에 거의 근접했다. 문제는 전세가격이 상승하면 가까운 시차를 두고 매매가격도 상승시키는 경향이 존재한다는 것이다.

서울시 전세가격은 언제나 우상향했다

국토부가 공개하는 부동산 빅데이터 데이터베이스에 존재하는 전세가격은 2011년 이후부터다. 2011년 이후 서울시 아파트 전세가격 추이를 살펴본 결과 놀라운 양상이 나타났다. 전세가격지수의 흐름을 보면 2022년 대폭락기를 제외하면, **전세가격은 큰 틀에서 항상 우상향했다.** 자세히 살펴보면 2012년부터 2022년 3분기까지 근 11년 동안 전세가격이 전년 동분기보다 낮았던 적은 고작 2회(2019년 1분기와 2분기)에 불과하다. 부동산은 계절성이 존재하기 때문에 이전 분기 혹은 이전 월 대비 상승률은 전반적인 패턴 분석에 오해를 불러올 수 있다. 따라서 전년도 동월 혹은 동분기와 비교하는 게 의미가

서울시, 강남구, 노원구 전세가격지수 추이(2011~2024년)

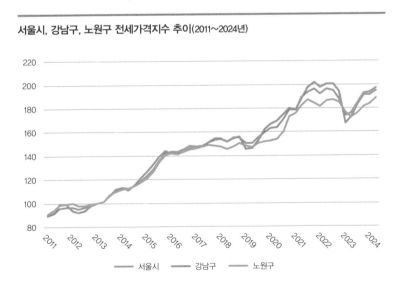

있다. 만약 분석 결과가 이처럼 아주 장기간에도 같은 방향의 흐름을 보여준다면, 그 변수의 내재된 특징이 존재한다고 볼 수 있다.

서울시 전세가격의 우상향 트렌드에는 다양한 이유가 존재할 수 있다. 필자는 서울시에 거주하고자 하는 압도적인 규모의 수요 그리고 전세가격이 인플레이션만큼 혹은 그 이상 상승하는 경향에 기반한 것으로 본다.

아파트 매매 시장과 전세 시장에 참여하는 수요의 성격에는 차이가 있다. 매매 시장에는 주택을 매입해 거주하려는 거주 수요와 더불어 주택이라는 재화에 투자하려는 수요(거주하지는 않지만 소유하려는 수요)가 존재한다. 즉 매매 시장은 거주 수요와 투자 수요가 모두 있다. 그런데 전세 시장에는 투자 수요가 존재하지 않는다. 전세 시장의 수요는 오롯이 실거주 수요뿐이다.

서울시는 인근 경기도와 인천시에 비해 더 많은 규모의 양질의 일자리를 제공한다. 따라서 다른 조건이 동일하다고 할 때 다수의 일자리 인근에 거주하려는 수요는 당연히 존재할 것이며, 수도권 지역에서 서울로의 이주 수요는 매우 풍부하다 할 수 있다. 이러한 실거주 수요의 존재는 전세 시장에 지속적으로 긍정적인 영향을 미친다.

2012년부터 2022년 2분기까지 전년 동분기 대비 전세가격 평균 상승률은 서울시 7.2%, 강남구 7.3%, 노원구 6.5%다. 고가 주택 지역의 전세가격이 서울시 평균보다 더 많이 상승했고, 서민 주택 지역이 평균에 비해 덜 상승했음을 알 수 있다. 고가 주택 지역에 대한 전세수요가 높으며, 더 비싼 가격을 지불하고라도 우수한 환경에 거주하려는 수요가 더 많음을 알 수 있다.

이에 더해 이슈2에서 살펴봤듯이 전 세계 글로벌 도시들이 인플레이션으로 인한 월세 대폭등을 경험하고 있다. 월세보다 전세가 더 일반화된 한국에서는 인플레이션의 효과가 전세에 영향을 줄 수밖에 없다. 그래서 서울의 전세가격은 인플레이션만큼 혹은 그 이상 상승하는 패턴이 내재된 것이다.

전세가격의 지속적인 우상향 트렌드 중 눈에 띄는 부분은 전세가격의 폭등기인데, 지금껏 전년 동분기 대비 10% 이상 전세가격이 폭등한 시기는 두 차례다. 첫 번째 시기는 2013년 3분기부터 2016년 2분기 사이로(2014년 3분기, 4분기만 예외적으로 6~7%대 상승), 신문에 전세가격 폭등이 항상 기사화된 시점이다. 두 번째 시기는 2020년 3분기에서 2021년 4분기 사이다. 전세가격 폭등으로 인해 '영끌'이 사회적 현상이 되던 때다.

그런데 올해 들어 2024년 1분기, 전세가격이 작년 1분기 대비 11.6% 상승했다. 다만 과거와 같이 10% 이상의 폭등이 몇 분기에 걸쳐 지속될지는 시간을 두고 지켜봐야 한다. 이유는 2022년 2분기부터 2023년 1분기까지 전세가격이 급락했기 때문에, 지나치게 하락한 가격의 기술적 반등일 수 있기 때문이다.

우리가 전세가격지수에서 분명히 인식해야 하는 흐름은, 서울시 아파트 전세가격이 2022년 2분기를 기점으로 대폭락한 부분이다.

이후 전세가격 폭락은 2023년 1분기까지 지속되었다. 비록 기간이 1년이 채 안 되나, 하락의 규모는 매우 컸다. 해당 기간 전세가격은 12% 폭락했고, 이는 2011년 통계 발표 후 최고치였다. 그러나 전세 가격은 2023년 2분기부터 현재까지 지속적으로 상승 중이며 전세 가격 최고 시점이었던 2022년 가격에 거의 근접했다.

즉 전세가격의 흐름을 정리하면 크게 세 시기로 구분된다.

· 상승기: 2011년~2022년 2분기
· 하락기: 2022년 2분기~2023년 1분기
· 상승기: 2023년 2분기~현재

전세가격이 이렇듯 인플레이션 이상으로 상승하면서 장기간에 걸쳐 우상향하고 일시적 급락을 했음에도 다시 급반등해 이전 최고가에 근접했다고 했을 때, 투자를 지향하는 시장 참여자들은 '전세는 매우 안전한 상품, 즉 가격 하방경직성이 강한 상품'이라는 인식을 하게 된다. 따라서 매매를 고려하는 투자자들은 아파트 갭투자를 안정적인 투자 방식으로 생각하게 된다. 예를 들어 어떤 아파트의 매매가격이 10억 원이고 전세가격이 6억 원이라고 할 때, 전세가격이 매년 7%씩 상승한다고 가정하자. 그럼 불과 8년 후 전세가격은 산술상 10억 3,000만 원이 되면서, 과거 매매가격(10억 원)을 넘어선다. 그런데 문제는 전세가격이 상승하면 (가까운) 시차를 두고 매매가격도 상승시키는 경향이 존재한다는 것이다. 그렇다면 전세를 준 집주인은 전세가격 상승과 매매가격 상승의 두 마리 토끼를 잡게 된다. 전세가격을 지속적으로 올림으로써 현금 수입을 챙기고 동시에 매매가격 상승(실현되지 않은 이익)의 과실까지 얻는 것이다. 즉 실현 수입과 미실현 수입이 동시에 발생하는 구조다.

논외의 이야기이고 '특별부록_전세사기는 사회적 재난이다'에서 추가적으로 설명하겠으나, 대표 필자는 전세계약 자체의 법적, 금융적 리스크를 심각하게 바라보고 있다. 다수의 투자자들이 갭투자가 안정적인 투자라는 신호를 공유하는 순간, 투자 가수요가 촉발될 수밖에 없다. 따라서 우리 사회는 갭투자를 제한하기 위해서라도 전세 제도의 반半전세화 혹은 폐지를 서둘러야 한다. 또한 전세가격이 이처럼 상승하는 경우, 사회적 약자인 전세 세입자의 주거권이 더욱 보호되어야 한다. 임대차 2법(계약갱신청구권제, 전월세상한제) 역시 폐지되어서는 안 되는데, 4년(=2년+2년)의 계약 기간과 갱신 계약 시 임대료 5% 상한 조건은 선진국의 임대차 계약에 비해서도 아주 낮은 수준의 거래 계약이기 때문이다.

대형 단지로 살펴본 전세가격 흐름

요약하자면 서울시 전세가격은 지속적인 우상향 트렌드를 보였으며 2022년 2분기부터 2023년 1분기까지 급락, 2023년 2분기부터 현재까지 급등을 겪었다는 것이다. 그렇다면 과연 지수가 보여주는 대로 실제 아파트 단지에서도 이와 같은 전세가격 흐름이 나타났었는지 살펴볼 필요가 있다. 대표성을 띨 수 있는 대형 아파트 단지, 그 중에서도 같은 평형대 아파트들의 전세가격이 분기별로 어떻게 변화했는지 보는 것이 가장 적절하다. 필자는 잠실의 '엘리트(엘스, 리센츠, 트리지움)' 아파트 단지를 선정해 분석했다. 이유는 잠실의 엘리트는 3개 단지를 더하면 거의 1만 5,000세대에 육박하는 대단지이고, 이 중 33평형 단일 세대가 약 1만 세대나 되기 때문이다. 이 세 단지는 잠실역 주변에 지리적으로 모여 있으며 재개발 준공연도도 2007~2008년으로 유사하다. 따라서 매우 동질적인 집단이고, 서울

잠실 '엘리트' 33평 신규, 갱신 전세 거래가격 추이(2011~2024년) 자료 출처_국토부 실거래가

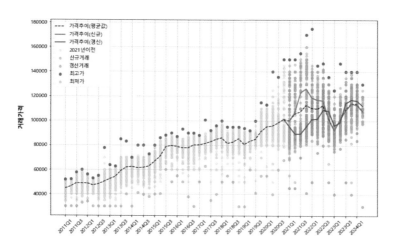

시 전세 트렌드를 대변할 수 있을 만큼 적절한 표본이다.

실제 거래를 바탕으로 한 그래프의 점선(해당 시점의 전세가격 평균값)을 보면 앞서 살펴본 서울시 전세가격지수와도 매우 흡사한 추이를 보인다. 2011년부터 2022년 1분기까지 지속적으로 상승하다가 2022년 2분기부터 급락 후 2023년 2분기부터 다시 상승하는 모습이다. 그런데 여기서 우리가 주의해서 볼 부분이 있다. 임대차 3법 실행 후 나타난 이중가격(신규·갱신 거래의 전세가격 괴리)의 등장이다. 임대차 3법 중 2법(계약갱신청구권제와 전월세상한제)은 2020년 7월 실행되었다. 해당 법이 실행되면서 새롭게 계약하는 경우는 전세가격이 매우 높게 체결되었고 갱신하는 경우는 상대적으로 낮은 가격에 거래되었다. 이 부분이 그래프의 점에 잘 표현된다. 신규 계약은 초록색 점으로 갱신 계약은 분홍색으로 표현되어 있는데, 초록색이 상단에 분홍색이 하단에 위치하며 두 그룹이 2020년 후반부터 2022년 초반까지 매우 큰 격차를 보여주는 것이 확인된다.

그런데 재미있는 점은 '신규' 계약과 '갱신' 계약의 평균 전세가격 격차가 변했다는 점이다. 이 격차는 2020년 후반부터 2022년 초반까지 존재하다가 2022년 3분기를 기점으로 차이가 없어져버렸다. 임대차 3법 이후 이중가격이 발생한 것은 사실이나 이중가격이 2022년 3분기에 사라진 것이다. 그 이후의 신규 계약과 갱신 계약의 평균 전세가격은 대동소이하다. 오히려 신규 전세 계약의 가격이 낮은 분기도 여럿 존재한다. 임대차 3법과 이중가격에 대해서는 이번 이슈 말미에 다시 살펴보겠다.

결론적으로 전세가격이 지속적으로 우상향하다가 급락, 급등하는 패턴은 서울시 전 지역에서 나타났다. 여기서는 지면 관계상 잠실 '엘리트' 단지 33평형만 살펴봤지만, 더 작은 평형대에서도 결과는 같았다. 또한 도곡렉슬, 왕십리뉴타운 등 다른 아파트 단지에서도 마찬가지 결과가 나타났다.

전세가격 상승의 3가지 원인

그렇다면 2023년 2분기 이후 전세가격 상승의 원인은 무엇일까? 크게 3가지 이유가 있다. **첫째, 인플레이션으로 인한 월세 및 전세가격 상승이다.** 인플레이션은 재화의 가치를 하락시키며, 고정된 수입을 얻는 임대인은 떨어진 화폐 가치를 보상받기 위해 임대료를 인상하게 된다. 또한 인플레이션 시기에는 유지보수비와 관리비 등 각종 비용이 상승하기 때문에 소유주는 이를 임대료에 반영한다. 팬데믹 이후 유동성이 풍부해지면서 전 세계적으로 인플레이션이 발생했고, 이로 인해 글로벌 도시들의 월세가 크게 올랐다. 월세의 대체재인 전세가격의 상승도 자연스러운 결과다.

둘째, 입주 물량의 부족이다. 2022년 가을 레고랜드 사태로 인해 PF 문제가 본격화된 후 정부는 시장에 개입해 문제를 해결하려 했으나, 이는 자유시장경제 원칙에 어긋나며 시장에 부작용을 초래했다. PF 물건 중 사업성이 좋지 않은 것들이 저렴한 가격에 시장에 나오지 않았고, 이로 인해 토지 가격이 계속 높게 유지되는 현상이 발생했다. 시공비가 30% 상승하고 PF 금리가 2배가 된 상황에서 저렴한 토지마저 출하되지 않았기 때문에 신규 아파트 개발 사업은 시도조차 어려워졌다. 2022년 4분기부터 현재까지 아파트와 빌라 인허가 물량은 역대 최저 수준이다. 이는 5년 후인 2028년 이후 준공 물량 부족으로 이어질 것이 명확하다.

서울시 아파트 입주 물량의 균형 상태를 2010년대 연평균 입주 물량인 33,773채로 가정할 때, 2022년은 약 1만 채가 부족했다. 2024년과 2025년 입주 물량도 연 1만 채 정도 부족하다. 이러한 입주 물량 부족은 처음에는 임대료(월세와 전세)에 영향을 미치고, 이후 매매가격에 영향을 주기 시작한다. 시장 참여자들은 이미 현재와 향후 입주 물량 부족을 인식하고 있다. 전세가격이 상승하고 있으며, 정책 당국은 민간이 아파트를 개발할 수 있는 여건을 조성해 이 문제를 해결해야 한다.

셋째, 전세사기로 인한 '빌라포비아'다. 전세사기는 100년 된 구조적 문제로, 최근에는 더 지능적이고 악질적인 형태로 변화했다. 세입자들은 몇 년간 모아온 보증금을 잃을 위험이 있다면 더 이상 '빌라'라는 유형에 '전세'로 들어가기를 꺼릴 것이다. 따라서 빌라 거주자들은 월세로 전환하거나 아파트 시장으로 이동할 것이다. 빌라는 아파트에 비해 열위재로, 빌라 거주자들이 아파트 시장에 진입하면 임대차 시장, 즉 전세 시장으로 이동하게 된다.

그러나 앞서 말한 바와 같이 현재는 토지 가격이 떨어지지 않아 빌라 개발도 불가능한 상황이다. 사실 빌라는 주로 월세나 전세를 받는 전략으로 운영되며, 엄청난 자본 이익을 기대하지 않는다. 빌라포비아로 인해 사람들이 빌라를 기피하면 빌라 개발업자는 빌라를 지을 유인이 없다. 빌라가 서울시 전체 주택 수요의 50%를 차지하는 상황에서, 빌라 세입자들이 아파트 시장으로 넘어가면 그 파급력은 상당할 것이다.

매매로의 전환은 시작되었나?

아파트 거래는 크게 매매 거래와 임대차 거래로 나뉘며, 임대차 거래에는 전세, 반전세, 월세 거래 등이 포함된다. 매매 거래와 임대 거래의 합을 전체 거래량으로 볼 수 있다. 우리는 이 세 가지 변수(전체 거래량, 매매 거래량, 임대 거래량)를 통해 매우 단순하지만 강력한 함의를 주는 새로운 변수들을 만들 수 있다. 예를 들어 매매 거래량과 임대 거래량의 비율 그리고 전체 거래량 중 매매 거래량의 비율이다.

시장이 매우 안정화된 상황(수요와 공급이 일정하거나 가구 수가 지속적으로 유지되는 폐쇄적인 시장)이라면, 매매 거래와 임대 거래의 비중 변화는 시사하는 바가 크다. 만약 매매 거래가 임대 거래보다 적었으나, 매매 거래 비중이 더 많이 증가한다면 시장 참여자들이 임대차 거래 대신 매매 거래, 즉 매매 시장으로 넘어가는 것을 의미한다. 전월세 계약을 통해 아파트 공간을 빌려서 계약하는 것이 아니라 아파트를 매입하는 경향이 더 커지는 것이다.

아파트에 거주하려는 사람은 임차를 하거나 매매를 하는 두 상황 중 선택을 하게 된다. 주택담보대출 이자가 저렴해지거나 향후 입주 물량이 적어지거나 임대료(전세 혹은 월세)가 지나치게 상승하는 경우, 사람들은 임차에서 매매 시장으로 넘어가 아파트를 구매하기 시작한다. 이 가능성이 2024년 상반기에 나타나고 있다. 현재와 향후 입주 물량이 매우 적을 것으로 사람들이 인식하고 있으며, 전세가격이 지속적으로 빠르게 상승하고 있고, 변동금리를 선택하는 경우 주택담보대출 이자가 저렴해질 것을 예상하고 있기 때문이다.

연간 매매 거래와 임대 거래 데이터를 살펴보면 몇 가지 특징이 포착된다. 설명에 앞서 두 가지 상황에 대한 이해가 필요한데, 하나는 2021년 6월 임대차 3법 중 전월세신고제 시행 이전의 임대 거래량은 전수 데이터가 아닐 수 있다는 점이다. 전월세 계약 신고가 강제 사항이 아니었기 때문에 미신고 경우가 존재한다. 그럼에도 매매 거래는 전수 데이터다. 따라서 2011년부터 2022년까지의 흐름은 정확하지는 않으나 그럼에도 큰 흐름을 이해하기에는 무리가 없다. 다른 하나는 2024년 자료는 상반기(1~6월)까지의 자료임을 밝힌다.

매매, 임대 거래 추이를 통해 우리가 알아낼 수 있는 사실은 다음과 같다.

첫째, 2011년부터 현재까지의 흐름을 보면 항상 임대 거래량이 매매 거래량을 압도한다. 2010년대에는 임대 거래량이 매매 거래량의 2배 이상이었다. 미신고 임대 거래를 고려하면 더 높은 수치로 임대 거래량이 존재했을 것이다.

둘째, 2021년 이후를 살펴보면 2021년에는 전체 거래에서 매매 거래가 차지하는 비중이 17%인데, 매매가격이 폭락했던 2022년에는 매매 거래량이 전체의 5%에 불과하다. 특히 당해 연도 매매 거래량(약 1만 3,000채)은 2011년 이후 가장 낮은 수치였다(2010년대 연간 매매 거래량 평균은 약 8만 7,000채다). 2022년의 시장 상황이 얼마나 얼어붙었는지를 알 수 있다. 그런데 2023년은 매매 거래량이 약 3만 5,000채로 역대 평균에는 훨씬 못 미치나, 2022년 대비 상당히 큰 폭으로 증가했음을 볼 수 있다. 특히 2023년에는 매매 거래량과 더불어 임대 거래량도 전년도에 비해 증가했다. 비록 2023년 매매 거

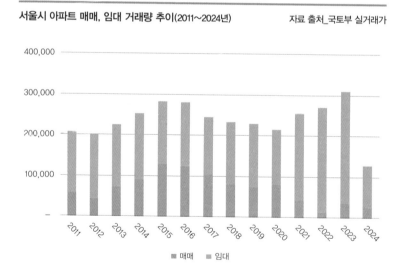

서울시 아파트 매매, 임대 거래량 추이(2011~2024년)　　　　　　자료 출처_국토부 실거래가

래량이 2010년대 연평균의 절반에도 못 미치는 수치이기는 하나, 내부를 들여다보면 시장에서 구조적 변화가 진행되고 있음을 알 수 있다. 그리고 이는 분기별 거래 비중 변화에서도 나타난다.

전체 거래량 중 매매 거래 비중은 2022년 3분기 역대 최저지인 3.4%(전체 거래량 약 6만 2,000채 중 매매 거래는 2,200채에 불과)를 기록한 후 지속적으로 상승하고 있다. 시장이 일시적으로 회복했던 2023년 상반기는 15%까지 상승했으며, 일시적으로 하락했던 2023년 4분기는 7.7%까지 내려갔다. 2024년 들어서 매매 거래 비중은 빠르게 상승하고 있다. 2024년 1분기는 14.6%(약 9,200채), 2분기는 25.6%(약 1만 6,700채)에 이른다. 주목할 점은 거래 비중과 더불어 거래량 자체의 증가 폭이다. 2024년 2분기 거래량 약 1만 6,700채는 2021년 1분

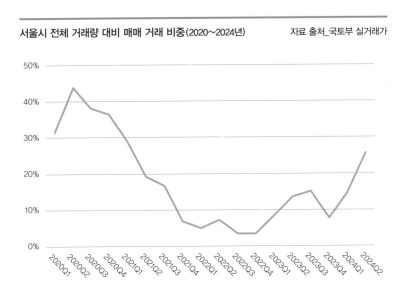

서울시 전체 거래량 대비 매매 거래 비중(2020~2024년)　　　　자료 출처_국토부 실거래가

기 이후 가장 높은 수준이다.

2022년 시장 수요가 절대적으로 매매보다는 임대 시장을 선호했다면, 지금은 상황이 바뀌었다. 매매 비중의 점진적인 상승과 매매 거래량의 증가는 시장이 정확히 바닥을 지났다는 신호를 보여주며 슈퍼사이클의 문을 열고 있다.

Information ─────────────────────

2024년 현재, 임대차 2법은 무죄다

일각에서 최근의 전세가격 상승 이유를 임대차 2법으로 들어 이를 폐지하려는 시도가 있다. 그런데 이는 잘못된 분석과 시각에서 비롯된 것이다. 답은 빅데이터에 있다. 우선 임대차 2법처럼 임대차 기간과 임대료 상승을 제한하는 정책이 나오면 당연히 임대료가 상승한다. 우리는 이를 이미 1980년대 후반에 경험했다. 노태우 정권 당시 전세가격이 천정부지로 치솟으면서, 세입자들이 자살하는 사태까지 벌어졌다. 위기의 심각성을 감지한 노태우 정부는 전세 기간을 1년에서 2년으로 연장했다. 신문에는 전세가격이 더 올라갈 것이라는 논거가 나왔다. 그럼에도 정부는 주거복지 확대라는 정책 기조를 들어, 전세 기간을 2년으로 하는 정책을 밀고 나가 실현했다. 당연스럽게 부작용이 나왔다. 전세가격이 더욱 상승한 것이다. 하지만 이 정책의 부작용은 1년 후에 사라졌다. 전세가격은 안정화되었고 서민들은 1년마다 쫓겨날 걱정을 하지 않고 그나마 2년은 거주를 보장받게 되었다.

임대차 2법 역시 마찬가지다. 우리나라는 OECD 국가 중 세입자 보호가 극히 약한 편이다. 독자들 중 미국 드라마 〈프렌즈〉를 좋아하는 분이 있으리라 본다. 대부분의 촬영이 여주인공 모니카가 거주하는 아파트에서 이루어졌다. 모니카는 성공적인 셰프가 되기 전부터 맨해튼에 있는 그 큰 아파트에서 거주했다. 그녀의 형편이 넉넉하진 않았음에도 그 아파트가 뉴욕시에서 지정한 임대료 상승규제(Rent Control) 대상이었기에 가능했다. 물론 설정은 모니카의 할머니가 오랜 기간 살던 아파트에 전대형식으로 들어가서 사는 것이었다. 문제 여부를 떠나 자본주의의 총아 뉴욕시도 세입자의 주거권을 보호하는 모습을 보여준다. 도대체 2년 거주 후 추가적으로 주인이 직접 거주하지 않는 경우 2년 더 거주하게 하는, 기껏 4년 계약 기간이 길다고 느끼고, 인플레이션보다 높은 5% 상승 폭 규제도 지나치다고 느낀다면 사회적 약자는 도시공간을 떠나라는 것인가?

임대차 2법의 부작용은 크게 두 가지였다. 첫째는 이중가격제의 등장이다. '신규' 계약은 가격 상승 제한이 없기 때문에 높은 가격에 계약이 가능한 데 반해, 갱신 계약은 5%까지만 상승 계약이 가능하다. 앞서 살펴봤듯 2020년 후반부터 2022년 초반까지 이중가격이 나타났다. 둘째는 전세가격의 상승이다. 정책 실행 후, 서울 전역의 아파트 단지 전세가격이 크게 상승했다. 이 두 부작용은 엄연히 존재했던 것으로 부정할 수 없다.

그런데 우리는 이후의 상황을 보아야 한다. 2022년 중반부터 2023년 초반까지 전세가격은 역대 가장 크게 하락했다. 그와 동시에 이중가격은 사라졌다. 이를 보여주는 대표 사례가 잠실 '엘리트' 33평형이다. 아래 그래프에 보이듯, 2021년 3분기 신규 전세가격은 갱신에 비해 무려 38% 높은 가격에 거래되었다. 그러나 2021년 4분기부터 신규와 갱신 거래의 가격 격차는 지속적으로 줄어들었다. 2022년 4분기에는 오히려 갱신 전세가격 평균이 신규보다 높기도 했다. 엘리트 사례를 보면 이중가격은 2022년 4분기 들어 없어졌다. 마찬가지로 대다수 단지에서 이중가격은 2022년 말을 전후해 사라졌다.

노태우 정권 시기와 마찬가지로 임대차 2법 실행 후의 부작용은 불과 2년 후 시장의 자기조정을 거치면서 없어졌다. 임대차 2법이 지속적으로 문제가 있었다면 우리는 2022년 중반부터 2023년 초반까지의 전세가격 폭락을 경험하지 않고 현재까지 전세가격 상승만을 경험했어야 한다. 그런데 실상은 그렇지 않다. 전세가격이 폭락 후 2023년 초반부터 다시 오른 것은 앞서 언급한 정책 실패(고물가 상황의 지속, 입주

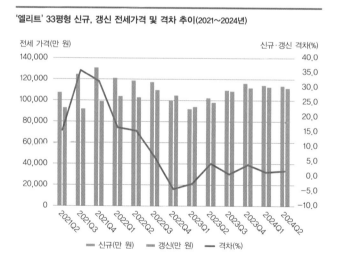

'엘리트' 33평형 신규, 갱신 전세가격 및 격차 추이(2021~2024년)

물량 부족, 빌라포비아)의 결과이다. 따라서 임대차 2법을 그 이유로 들며 폐지하려는 시도는 상식을 벗어난 것이다.

이에 더해 임대차 2법을 폐지한다고 했을 때 부작용이 존재한다면 어떻게 할 것인가? 만약 임대차 2법을 폐지했는데 충분한 입주 물량이 없다면, '갱신'하는 임대차 계약은 이전보다 훨씬 더 높은 금액으로 재계약되어 전반적인 전세가격을 한 단계 높일 것이다. '신규' 계약도 마찬가지다. 임대차 2법이 폐지되는 경우 보다 많은 사람들이 제한 없이 신규 계약을 할 것이고 이는 전세가격을 더 높은 가격으로 이끌 것이 자명하다.

현재 입주 물량 그리고 앞으로 2027년까지의 입주 물량은 심각하게 적다. 역대 최저 수준의 입주 물량이 앞으로 몇 년간 지속될 것이다. 이런 상황에 임대차 2법마저 폐지된다면 전세가격은 또 다른 상승 압박을 받을 것이고, 이는 매매 시장으로 빠르게 이동하며 매매 가격 상승으로 연결될 것이 분명하다. 오히려 임대차 2법이 존재하기에 전세가격 상승 폭이 줄어들 가능성이 더 높다.

필자는 전세가격 상승의 위험성을 작년 책 《부동산 트렌드 2024》에서 이야기했다. 전세가격 상승은 현재 도저히 막을 수 없는 퍼펙트 스톰이 되고 있다. 정책 당국은 이 수요가 매매를 자극해서 매매가격이 상승하는 상황이라도 막아야 하고 이는 가능하다. 그 방법 역시 지난 책에서부터 정책을 제안했고 이번 책에서도 다시(본서 12쪽) 이야기했다.

PF 사태
_정책 실패와 최악의 공급 부족

높은 토지 가격, 금융비용 상승, 시공비용 상승, 분양가 하락. 이 모든 게 합쳐져 사업을 어렵게 하고 있다. PF 대출이 20개월 동안 연장되며 토지 가격을 붙들어놓자 도저히 사업수지가 안 맞는 상황이다.

PF 대출 문제는 아직 해결되지 않았다. 오히려 부실 부동산 폭탄을 떠안은 채, 장장 20개월 째(2024년 6월 기준) 사태가 연장 중이다. 토지 가격이 높은 탓에 분양 수익성이 안 나오고 있고, 신규 개발은 이루어지지 않고 있다. 저렴한 토지 물건이 시장에 출하되지 않았기에 리스크 관리를 제대로 한(2021년과 2022년 부동산 버블 시기 투자를 집행하지 않은) 건전한 디벨로퍼들이 시장에 참여할 기회가 없어지는 역차별이 발생했다. 이는 또한 서울시 주택 시장이 몇 년간 심각한 공급 위기를 겪게 될 것이라는 의미다. PF 대출 연장이 초래한 부정적 나비효과는 시장에 '공급 부족'이라는 큰 충격을 던져주고 있고 몸집을 더 키울 태세다. 부동산 경제를 자유시장에 맡기지 못한 명백한 정책 실패의 결과다. 지금부터는 PF 사태의 현주소와 이것이 앞으로 우리에게 끼칠 영향에 대해 알아보고자 한다.

PF 대출 연장이 개발을 가로막는 이유

우리나라 부동산 PF 대출은 '브릿지론'과 '본PF'라는 이중 구조로 이루어져 있다. 브릿지론이란 토지 매매 계약상 인허가 완료 이전에 잔금을 완납하는 조건인 경우♀, 본 PF 이전 단계에서 토지의 담보력

♀ 보통은 공매 등을 통해 토지를 취득하는 경우로 대개 잔금기한이 계약일로부터 2~3개월이며, 이 기간 내 인허가를 완료하고 본PF를 하기란 불가능하므로 본PF 이전 중간 단계에서 토지의 잔금 조달을 위해 대출하게 된다.

과 차주의 신용을 담보로 토지잔금을 대출하는 것을 말한다. 쉽게 말하면 인허가 완료 이전 디벨로퍼가 금융기관의 대출(브릿지론)만을 이용해 토지를 깔끔하게 내 것으로 만드는 과정이다. 이때 일반적으로 디벨로퍼는 토지비의 10%를 자기자본으로 넣는다. 나머지 90%는 금융 대출인데, 이는 선순위(시중 은행)와 후순위(제2금융권인 증권, 캐피털, 상호금융 등)로 나뉜다. 이후 인허가가 완료되고 시공사가 선정되면 디벨로퍼는 본PF를 통해 브릿지론을 상환하고 남은 건설 비용을 조달한다.

PF 대출금 = 브릿지론 상환액 + 추가 건설비용(마케팅, 광고홍보, 필요 시 공사비)

현재 실질적으로 문제가 되는 사업들은 토지 가격이 높았던 2021~2022년의 PF 대출이다. 이들 중 아직도 브릿지론 단계에 있는 프로젝트들은 토지 계약 이후 인허가를 득하지 못한 경우이거나 인허가 이후에도 시장에서 사업성이 없다고 판단된 것들이다. 다행히 시공사와 금융기관이 참여해 본PF로 전환된 프로젝트 역시 원가 상승으로 불가피하게 높은 분양가가 책정되고 시장 침체로 수요가 감소하면서 분양이 녹록지 않은 상황이다.

특히 문제가 되는 부분은 브릿지론 단계에 있는 프로젝트들이다. 토지 매입을 마무리하고 본PF 단계로 넘어가야 하는데 그러지를 못하고 있다. 어서 본PF를 통해 '분양'이 이루어져야 할 이 사업들은 왜 멈춰 있는 걸까? 이유는 단순하다. 기대되는 분양 수입이 개발비용에 한참 못 미치기 때문이다. 정상적인 사업이라면 분양 수입이 당연히 총 개발비(토지 매입비, 건설비, 금융비 등)보다 커야 한다. 그런데 토지 계약 이후 금리 인상으로 인한 금융비와 인플레이션으로 인한 시공비 상승이 사업의 원가를 급격히 증가시켰다. 게다가 2022년부터 부동산 가격이 폭락하며 분양가격, 즉 얻을 수 있는 분양 수입이 현저히 줄어들었다. 비용은 크게 올랐는데 (예상)수입은 떨어진 상태로, 사업을 진행하면 오히려 적자다. 사업이 아예 분양을 시작도 못하며 브릿지론 단계에 계속 존재하는 이유다.

브릿지론은 단기 대출인 만큼, 일반적으로 금리가 높고 6개월 만기다. 그런데 이 브릿지론이 예외적으로 계속 연장되고 있다. 2022년 10월부터 2024년 6월까지 무려 20개월이다. 20개월이나 상황이 묶이는 동안 기존 사업의 디벨로퍼는 엄청난 금융비를 부담하고 있고, 신규 사업에 참여하고자 하는 디벨로퍼는 기회를 빼앗겼다. 2021년에도 토지 가격이 지나치게 높다고 생각해 사업에 참여하지 않은 디벨로퍼와 시공사, 즉 리스크 관리를 제대로 한 회사들이 있었다. 이들은 부실한 PF 대출 폭탄이 터질 것으로 예상하고 사업이 저렴하게 나오면 기회를 잡으려고 대기 중이었다. 그런데 정부 당국의 창구지도로 대출 만기가 계속 연장되며, 좀비 기업들을 계속 살려두고 있다. 좀비 기업에는 부실한 디벨로퍼뿐 아니라 사업성을 제대로 판단하지 못하고 투자한 후순위 금융권도 포함된다. 리스크 관리를 잘한 회사들이 오히려 역차별을 당하는 형국이다. PF 대출 연장은 명백한 정책 실패다.

과거 PF 사태에서 우리가 배운 것

사실 PF 사태는 2022년 처음 발생한 것이 아니다. 2011년에도 똑같은 일이 벌어졌었다. 다만 그때는 대응이 달랐다. 일명 '저축은행 사태'로 불리는 당시는 부동산 PF 부실로 31개 저축은행이 줄도산했다. 즉시 통폐합이 이뤄졌으며 구조조정이 일어났다. 그러나 2024년 현재 우리는 장장 20개월 동안 어떠한 구조조정을 회피한 채 후순위 금융권을 살려주기 위한 조치들을 취하고 있다. 부동산 개발은 기본적으로 디벨로퍼가 이끄는 사업이기에, 사업이 망가지는 경우 디벨로퍼가 책임을 지는 것이 맞다. 경기가 좋을 때는 어마어마한 수익을 얻으며 이익을 사유화하는데, 자신들의 잘못된 판단으로 발생한 비용은 그 파급력이 크다는 이유로 사회에 도움을 요청하는 구조(이익의 사유화와 비용의 사회화)는 옳지 않기 때문이다.

2011년에는 PF에 잘못 투자한 회사들이 손해를 감내하고 구조조정에 들어갔으나, 현재는 상당한 PF 사업 실패가 존재함에도 후순위 금융권의 구조조정이 일어나고 있시 않다. 또한 브릿지론과 본PF 사이를 연결하거나 PF를 일으킬 때 중간에서 작업을 하는 금융기관(대개 증권회사) 역시 거간 역할을 하며 수수료만 취하고 사태를 더욱 키운 책임이 있다. 이들 금융 브로커리지 회사는 자신들의 이익 극대화만을 추구해(PF 사업이 좋건 말건 중간에서 수수료를 많이 챙길 수 있는 구조) 도덕적 해이를 일으킨 측면에서 본 사태에 적잖은 책임이 있다. 그럼에도 정작 그들이 가장 큰 이익의 수혜자가 되는 경우가 나타나고 있다.

리먼 브라더스 사태 이후 브릿지론과 본PF의 대주와 주관사가 분리되면서 거래의 책임 소재가 모호해진 것이 사태를 더 키운 면이 있다. 과거에는 금융기관(은행, 저축은행 등)에서 직접 사업의 리스크를 판단하고 대출 여부를 결정한 반면, 현재는 금융기관은 단순 대주로 참여하고 증권회사가 거래의 구조를 짜고 대출을 알선하는 주관사 역할을 하는 일이 많아졌다. 이 경우 주관사인 증권회사는 사업의 성패와 무관하게 PF만 실행되면 막대한 수수료를 선취한다. 이 수수료는 해당 담당자의 인센티브로 바로 지급되기 때문에, 주관사와 담당자는 사업의 리스크 판단보다는 거래의 클로징 Closing을 목표로 일을 하는 경우가 많았다.[*] 이처럼 대주와 주관사의 역할 분리는 사업 리스크를 부담하지 않는 주관사가 적극적으로 PF 거래를 성사시키도록 만들어 시스템상 자기 통제를 하지 못하게 했다.

2011년 PF 사태가 일어나고 2013년 용산국제업무지구가 파산할 당시, 우리나라 부동산 산업은 죽었다는 비관적 목소리가 지배적이었다. 단군 이래 최대 프로젝트(당시 31조 원 규모)에 투자된 자금 1조 원이 허공으로 날아갔다. 모두가 부동산 산업의 전망을 극도로 어둡게 보았다. 그러나 단기적으로 커다란 고통을 감내한 결과 한국

---

[*] 물론 초기에 일부 에쿼티 투자나 후순위의 리스크를 부담하는 경우도 있지만 대개 거간 역할에 그치는 경우가 많았다.

의 부동산 시장은 이후 어마어마하게 발전하고 고도화됐다(이 부분은 본 이슈의 말미에서 자세히 살펴본다). 충격은 있었지만 결국은 자본주의 경제 시스템 속 시장의 자기조정 기능이 작동하면서 견뎌낸 것이다. 이렇듯 때로는 창조적 파괴를 통한 혁신이 있어야 한다.

과거 저축은행 사태를 지켜보며 깨달은 바가 있는 일부 디벨로퍼들은 2021~2022년 부실한 PF 대출이 무너지리라는 것을 예상하고 위기관리를 했다. 토지 가격이 너무 높아 위험성이 큰 사업에 뛰어들지 않은 것이다. 이들은 오히려 PF 부실이 일어나 토지 가격이 무너지면 NPL(Non Performing Loan, 부동산에 투자한 부실채권)을 매입해 사업에 들어갈 기회를 엿보고 있었다. 당시 대부분의 법무법인과 회계법인이 NPL 팀을 운영할 준비를 마친 상태였다. 시장은 항상 영민하게 다음 단계를 보고 움직인다. 그런데 문제는 2022년 10월 레고랜드 사태 이후 정부가 창구지도로 PF 대출 만기를 연장한 데 있다. 그 여파는 이렇다.

첫 번째, 토지 가격이 하락하지 않았다. 부실한 PF 대출이 무너지며 시장에 나왔어야 마땅할 토지들이 좀비처럼 남아 있게 된 것이다. 토지가 시장에 나오지 않으니 거래가 이루어지지 않아 누구도 제대로 된 토지 가격을 모르는 상황이 되었다. 부동산 토지 시장에서 작동되는 일반적 원칙 중 하나는 토지주들이 토지를 매각하려고 할 때, 주변 시세에 근거해서 매물을 내놓는다는 것이다. 예를 들어 인근 토지가 30% 할인된 가격에 시장에 나왔다면, 토지주는 시장 상황에 맞춰 (30%까지 할인은 안 하더라도) 10~15% 정도 가격을 내려 물건을 내놓을 것이다. 그런데 만약 주변에 과거보다 저렴한 물건이 나올 것 같은 상황인데도 아예 물건이 나오지 않는다면, 토지주는 이전 가격을 바탕으로 가격을 책정한다. 2024년 현재 거래가 없다면, 토지가 아주 비싸게 팔렸던 2021년과 2022년의 거래가격을 준거로 삼는다는 것이다. 따라서 시장에 매물이 출하되는지 여부는 토지 가격 형성에 아주 큰 영향을 미친다. 토지가 시장에 나오지 않는 지금 상황은 매도자와 매수자의 간극을 키우고, 그러면 아예 거래가 정지되는 상황이 지속될 것이다. 토지 매수자는 시공비도 30% 인상되었고 금융비용은 2배가 되었는데 토지비까지 제대로 할인되지 않아 과거와 같은 수준이라면, 당연히 시장에 참여하지 않는다. 사업성이 나오지 않기 때문이다. 따라서 토지 가격이 지속적으로 높게 형성된다면 신규 개발은 요원할 수밖에 없다.

두 번째, 금융비용이 계속 발생한다. 여기서 이 부담을 지는 주체는 차주인 디벨로퍼다. 금리 인상 이후 브릿지론의 만기가 도래하자 이자 부담 능력이 있는 디벨로퍼는 일부 이자를 지급하고 PF 대출을 연장했다. 하지만 부동산 시장이 급격하게 붕괴되면서 몇몇 디벨로퍼들은 연장 이자 부담 능력을 상실했고 부담 능력이 있던 디벨로퍼들마저 버티기에 돌입했다. 이런 상황에서 금융기관은 정부의 창구지도를 따르기 위해 부득이 이자를 후취(연장된 만기일에 원금과 같이 이자를 상환하는 조건)로 전환하고 PF 대출을 연장했다. 디벨로퍼들은 자의든 타의든 간에 이자를 내지 않고도 PF 대출 만기를 연장받게 된 것이다. 게다가 브릿지론 단계에서 약 5% 수준이었던 PF 금리가 10% 가까이 치솟아 디벨로퍼의 채무를 눈덩이처럼 늘렸다. 이는 결국 금융기관이 디벨로퍼로부터 상환받을 원리금을 증가시키는 것이므로 종국에는 금융기관의 부실이 커진다. 즉 PF 대출이 연장되지 않았더라면 담보물(토지) 경공매 등을 통해 미상환 원금만 회수하면 되었겠지만(물론 LTV가 높아 낙찰금액이 디벨로퍼가 상환해야 할 원금에 못 미칠 것이기에 차액만큼 금융기관의 손실이 발생한다), 이제는 연장에 따라 늘어난 후취 이자까지 회수해야 되므로 회수 목표액이 증가해 금융기관의 손실은 더욱 늘어나게 된다. 정부의 PF 강제 연장 정책이 금융기관의 부담을 증가시킨 꼴이 되었다.

사업성 있는 PF가 사라졌다

PF 사태를 바라봄에 있어 레고랜드 사태가 불거졌던 2022년과 현재의 2024년 사이에는 차이가 있다. 2022년의 위기는 '유동성' 위기였다. 당시는 우량한 회사들마저 회사채 발행이 안 되던 시기였다. 유동성이 부족해서 사업이 이루어지지 않았다. 그러나 2024년 현재는 상황이 안정화되며 시중에 유동성이 존재한다. 금융회사들은 좋은 PF 사업에 투자할 의지가 있으며 그런 사업을 기다리고 있

⚲ Loan to Value. 토지 가치 대비 대출 금액의 비율. 통상 브릿지론은 토지 매매가의 80~90%에 달하므로 토지가치가 조금만 하락해도 경공매를 통해 원금 상환이 불가하다.

다. 당장은 문제가 있는 PF여도 미래 사업성이 좋아 보이면 당연히 뛰어들려 할 것이다. 그럼에도 부실 PF 사업장들이 다음 단계로 넘어가 새로운 프로젝트로 이어지지 않고 있는 이유는 '사업성' 때문이다. 2024년 현재도 여전히 PF 사태에 직면한 사업장들의 사업성이 좋지 않다는 것이다.

유동성이 있음에도 사업성 좋은 PF가 나오지 못하는 이유가 무엇일까? 그 구조를 서울과 지방으로 나눠 살펴보자. 우선 지방은 상대적으로 토지비가 저렴해 개발비용이 100이라면 토지비가 30, 시공비가 70 정도를 차지한다. 그런데 인플레이션으로 시공비가 30%씩 급등하자 기존에 70이었던 비용이 91이 되어버렸다. 이제 토지비가 9까지 무려 70% 이상 대폭락하지 않는 한 100이라는 기존의 개발비용을 맞출 수 없다. 하지만 현실적으로 토지 가격이 70%씩 폭락하는 것은 불가능하므로 2024년 기준 지방에서의 PF 사업은 매우 힘들다. 실제로 토지비의 비율이 전체 개발비의 10% 내외였던 사업은 토지비가 극단적으로 0이 된다 해도 사업원가가 매출액을 초과해 사업이 불가한 현장이 많다.

지방 PF 사업비용의 구조

과거	토지비(30)	시공비(70)
현재	토지비 (9)	시공비(91)

서울 PF 사업비용의 구조

과거	토지비(70)	시공비(30)
현재	토지비(61)	시공비(39)

　반면 서울은 상황이 다르다. 토지 가격이 비싼 서울은 개발비용이 100이라 할 때 토지비가 70, 시공비가 30 정도를 차지한다. 인플레이션으로 인해 똑같이 시공비가 30% 상승하면 기존의 시공비 30은 39가 된다. 개발비용 100을 맞추기 위해서는 70이었던 토지비용이 61까지 하락하면 된다. 현실적으로 15% 정도만 토지 가격이 하락해도 사업성이 생길 수 있는 것이다.

　실제로 서울 소재 PF 물건의 토지가 20~30% 할인되어 시장에 나오는 경우 거래가 되기 시작했다. 예를 들어 서울 요지의 한 오피스텔 사업장은 높은 분양가로 인해 도저히 사업성이 안 나오는 상황이었다. 그런데 새로운 매수자가 이 사업을 오피스텔 대신 호텔로 전환시켜 프로젝트를 진행 중이다. 팬데믹 기간에 서울의 많은 호텔들이 문을 닫았다. 하지만 팬데믹이 종료되자 서울 시내 호텔은 밀려드는 관광객으로 거의 만실이며 사상 최고의 수익률을 기록 중이다. 자유시장에 맡겼을 때 새로운 시장 참여자들이 새로운 비즈니스 모델로 시장을 변화시킨다는, 아주 단순한 경제의 원칙이 서울 부동산 시장에서도 나타나고 있다.

PF 대출 연장이 불러온 공급 절멸

높은 토지 가격, 금융비용 상승, 시공비용 상승, 분양가 하락. 이 모든 게 합쳐져 사업을 어렵게 하고 있다. PF 대출이 20개월 동안 연장되며 토지 가격을 붙들어 놓자 도저히 사업 수지가 안 맞는 상황이다. 아파트든 빌라든 신규 개발을 하려 해도 분양 채산성이 안 맞는다. 디벨로퍼 입장에서는 자신이 금융비용을 바꿀 수도, 시공비용을 바꿀 수도 없으니 토지 가격이 하락하기만을 기다릴 수밖에 없다. 장장 20개월간 연장된 PF 대출은 그 기간을 늘려 놓았을 뿐이다. 이런 상황은 결국 인허가 물량의 폭감으로 이어졌다.

신규 주택 인허가 물량의 감소는 미래의 공급 부족으로 연결된다. 일반적으로 인허가는 사전 토지 작업이 2~3년 소요되고 준공이 빠르면 3년 정도 걸린다. 합하면 최소 5~6년이 필요한 작업이다. 만약 2022~2023년에 PF 대출을 연장해주지 않고 부실 부동산 매물이 저렴한 가격에 시장에 나왔더라면, 그래서 디벨로퍼들이 사업에 참여할 수 있었더라면, 2027~2028년에 어느 정도 준공 물량이 나올 수 있었다는 뜻이다.

하지만 2027년 아파트 입주 물량은 약 9,700채에 불과하다. 2010년대 연평균 입주 물량이 약 3만 4,000채 수준인 것을 고려하면 매우 심각하다. 2026년도 약 1만 2,000채로 평균의 절반 이하이며 이어지는 2028년, 2029년도 상당히 적을 것으로 보인다. 민간 준공 물량이 2026년부터 매우 부족할 것으로 예상된다.

따라서 서울 부동산 시장에서 큰 역할을 담당할 주체는 어쩌면 SH와 LH 같은 공공일지 모른다. 공공이 적극적으로 서울과 서울 인근 토지를 대량으로 확보하는 토지 디벨로퍼 역할을 하고 해당 토지에 민간 디벨로퍼와 시공사가 아파트를 건설하게 하는 거대한 분양 시장을 열어야 한다. 이를 통해 기축 아파트에 쏠린 민간의 수요를 (미래에 준공될 아파트에 입주하려는) 분양 시장으로 돌려야 한다. 이 역시 작년 책《부동산 트렌드 2024》말미 정책 제언에 다뤘던 내용이다. 여러 악재가 동시에 발생해 영향을 키우는 '퍼펙트 스톰'이 오고 있다. 서울시 정부와 중앙 정부는 서울시 아파트 가격 추이를 면밀히 모니터링하고 서둘러 대량의 토지 확보에 나서야 한다.

Information ─────────────────────

창조적 파괴 속에 성장한 대한민국 부동산업

대한민국 부동산 시장은 2010년대 초빈에 큰 위기를 맞았다. 2011년 부동산 사업에 무리하게 투자했던 저축은행들을 중심으로 PF 사태가 터졌고, 불과 2년 후인 2013년에 31조 원 규모의 용산국제업무지구 개발 사업이 파산했다. 당시 부동산 업계가 바라보는 미래는 암울함 그 자체였다. 2022년부터 현재까지 이어지는 PF 사태보다 더 큰 충격이었다.

2011년 PF 문제는 일명 '저축은행 사태'로 일컬어지는데, 부동산 상승 기에 과도하게 확대된 PF 대출이 금융위기에 따른 부동산 시장 위축으로 부실화되면서 31개에 달하는 저축은행이 파산했다. 국가 경제에 막대한 피해였다. PF 대출은 2000년대 부동산 경기 호황으로 저축은행들이 고수익을 창출할 수 있는 새로운 투자처로 각광받았다. 높은 리스크에도 불구하고 저축은행의 PF 대출 규모는 크게 확대되었으며, 부동산 경기의 정점이었던 2007년 당시 PF 대출을 포함한 저축은행의 부동산 관련 여신 비중은 전체의 절반에 달할 정도로 과도한 상태였다.[6] 이러한 상황에서 금융위기가 터지며 부동산 시장이 침체되자 PF 대출의 다수가 부실화돼 저축은행의 재정이 악화된 것이다. 2011년 금융 당국의 조사 당시 저축은행이 보유한 7조여 원의 PF 대출 가운데 절반가량이 부실 우려 채권으로 드러나며[7] 저축은행 업계는 매우 심각한 위험에 처하게 되었다.

이러한 저축은행 부실 사태에 대응하기 위해 정부는 긴급 자금을 투입함과 동시에, 대대적인 구조조정에 들어갔다. 금융 당국은 2011년 삼화저축은행을 시작으로 부실 위험이 높은 저축은행들에 차례로 영업정지 처분을 내렸으며, 부실 은행의 퇴출과 함께 정부 자금 지원을 통해 금융시장의 안정성을 도모했다. 저축은행의 부실 자산은 청산하고 우량 자산과 예금자 보호 대상 예금은 새로운 주주에게 영업을 이전하는 방식으로 재무구조를 개선했으며, 대주주와 경영진의 불법행위를 방지하기 위해 소유 및 지배구조를 개편하는 방식으로 구조조정을 실시했다. 이 과정에서 2015년까지 총 31곳의 부실 저축은행이 퇴출되었다. 이들의 우량 자산과 부채를 이전받은 15개 저축은행이 새롭게 영업을 영위하면서 부동산 투자와 관련한 금융 감독 및 재정 안전성이

강화되는 계기가 되었다.[8]

2011년 PF 사태를 해결하는 와중에 벌어진 2013년 용산국제업무지구 파산은 부동산 업계에 큰 파장을 일으켰다. 필자는 2011년 저서 《도시개발, 길을 잃다》에서 용산국제업무지구가 파산할 수밖에 없음을 설명했었다. 제대로 된 디벨로퍼가 없는 가운데 개발 사업(사업자: 드림허브프로젝트금융투자주식회사)에 금융기관, 디벨로퍼, 시공사 등 서로 이익이 다른 수많은 기업이 참여했다. 이들은 프로젝트 개발의 성공보다는 자기 회사의 이익(높은 비용으로 대출하는 금융사, 시공비용을 높여 받으려는 시공사 등)이 우선이었다. 당연히 이익 충돌이 발생하면서 사업은 실패를 향해 가고 있었다. 31조 원짜리 단군 이래 최대 개발 프로젝트는 결국 파산했고, 출자된 자금 1조 원이 허공 속으로 사라졌다. 2011년 PF 사태 2년 만에 발생한 어마어마한 사건에 업계는 충격에 빠졌다. 그러나 대한민국 부동산업은 암흑 같은 시기 이후 엄청난 혁신을 하며 고도화, 규모화, 글로벌화를 이루었다.

① 글로벌 슈퍼갑 국민연금과 아시아를 대표하는 자산운용사들

한국의 부동산 투자 시장은 국가 경제를 위험으로 몰아넣었던 외환위기를 극복하며 본격적으로 성장하기 시작했다. 외환위기 당시 부실 채권을 처리하고 기업을 구조조정 하는 과정에서 자산 유동화를 위한 선진 금융기법이 속속 도입되었으며, 직접투자 관행에만 머물렀던 국내에도 전문 자산운용업 성장의 필요성이 대두되었다. 외환위기 이후 2001년 '부동산투자회사법'과 2004년 '간접투자자산운용업' 등 간접투자 시장 성장을 위한 법적 기반이 마련되었고, 민간 중심의 부동산 신탁, 부동산 전문 자산운용사, 리츠, 펀드 등의 설립이 활발히 이루어졌다.

2010년 14조 원에 불과했던 국내 부동산 펀드 수탁고는 2024년 4월 159조 원 규모로 크게 증가했으며[9], 동기간 부동산 리츠 역시 7.6조 원에서 98조 원으로 급격히 성장했다.[10] 이 시기 설립된 이지스, 마스턴 등 부동산 전문 자산운용사들은 설립 이후 단기간에 아시아를 대표하는 자산운용사 반열에 올라섰다.

연기금과 보험사 등 국내 기관투자자들의 운용자산 확대 역시 2010년 이후 국내 부동산 투자 시장의 성장을 촉진하는 요인이 되었다. 경제 성장에 따른 금융자산 축적과 인구 고령화에 따른 자산 증식 수요로 기관투자자의 운용 규모가 크게 증가했는데, 국내 최대 기관투자자 국민연금의 경우 2010년 324조 원[11]이던 운용 규모가 2024년 4월 말 1,103조 원[12]으로 확대되며 글로벌 투자 시장의 큰손으로 떠올랐다. 이에 더해 부동산 등 다양한 자산으로 배분 전략을 구사하고자 하는 기관투자자들의 경향이 강화되면서 부동산 투자 시장으로의 자금 유입이 더욱 가속화되었다. 국민연금, 사학연금, 공무원연금 등 국내 3대 연기금의 대체투자 규모는 지난 5년간 2배 가까이 확대되었으며,[13] 국민연금의 경우 2002년 처음으로 대체투자를 시작한 이래 21년 만인 2023년 5월 부동산을 포함한 대체투자 규모가 155조 원(전체의 약 16%)으로 크게 증가하며[14] 국내 부동산 산업의 성장을 촉진했다.

② 2세대 디벨로퍼의 성장

국내 부동산 시장에서 디벨로퍼가 일반화된 시기는 외환위기 이후 2000년대 초반이다. 그 전에는 시공사가 직접 부동산 개발과 건설을 담당하는 방식이 일반적이었으나, 시공사가 부담하는 과도한 리스크

탓에 외환위기 당시 많은 종합건설회사들이 부도를 맞게 되었다. 이후 건설사 중심의 개발 사업에서 벗어나 시행과 시공이 분리된 사업방식이 도입되었으며 이를 계기로 신영, MDM 등 1세대 전문 디벨로퍼들이 다양한 개발 사업을 이끌며 국내 부동산 시장의 성장을 주도했다. 2010년대에 들어서면서부터는 SK D&D, 우미건설 등 2세대 디벨로퍼가 새롭게 등장해 두각을 나타내기 시작했다. 이들은 개발 후 분양을 통해 엑시트Exit하는 1세대의 방식과 달리 개발 후 전체 또는 일부 시설을 직접 운영하기 위해 공간의 기획과 운영을 포괄하는 전략을 도입하는 등 차별화된 사업구조를 선보이며 새로운 세대의 개발 사업을 이끌었다. 한편 이 시기에는 전통적인 주거 및 상업 부동산뿐 아니라 물류 부동산의 개발도 활발히 이루어졌다. 이커머스 시장의 폭발적인 성장으로 물류센터 수요가 증가하면서 켄달스퀘어 등 물류 시설의 개발과 운용에 특화된 회사들이 등장했고 주거, 상업, 물류 등 다양한 부동산 섹터의 성장이 이루어졌다.

③ 프롭테크 영역의 발전

2010년 이후 4차 산업혁명 기술이 발달하고 산업 간 융합이 활발히 이루어지면서 부동산 시장에서도 부동산과 기술, 플랫폼 경제가 결합된 '프롭테크Proptech' 영역이 성장하기 시작했다. 프롭테크란 부동산(Property)과 기술(Technology)의 합성어로 전통적인 부동산 산업에 빅데이터, 인공지능, 가상현실 등 IT 기술을 결합한 새로운 서비스를 의미한다. 공간의 거래에서부터 금융, 관리, 개발 등 부동산과 관련한 전 영역에서 다양한 플랫폼과 서비스의 형태로 발전하고 있다. 국내 프롭테크 산업은 부동산 정보 서비스를 시작으로 중개, 인테리어, 개발, 공유 서비스, 조각투자 등 연관 산업으로 확대되어왔다. 숙소 예약 서비스로 시작해 국내 대표 여행·여가 플랫폼으로 성장한 '야놀자', 온라인 중개 서비스를 중심으로 한 주거 플랫폼을 운영하는 '직방', 오피스 임대 플랫폼에서 출발해 상업용 부동산 종합 서비스 업체로 성장한 '알스퀘어' 등이 프롭테크 산업의 대표적인 기업이다. 프롭테크의 성장은 최근 몇 년간 더욱 가속화되었는데, 2018년 20여 개에 불과하던 프롭테크 스타트업이 2023년 약 250개로 5년 만에 12배 이상 확대되었다. 또한 프롭테크 분야의 고용이 6.5배, 투자는 10배 이상 증가하며[15]새로운 산업 분야를 형성해가고 있다.

2010년대 초반, 부동산 산업의 미래가 불투명해 보이는 상황에서도 많은 금융기관과 부동산 디벨로퍼가 철저한 구조조정을 겪으며 산업의 혁신 기반을 마련했다. 자유시장경제 원칙이 지켜지면서 시장의 자기 조정 기능이 작동한 끝에 산업이 고도화, 성숙화 된 것이다. 시장의 원칙을 따라 창조적 파괴를 할 때 새로운 플레이어들과 새로운 산업이 꿈틀거리기 시작한다. 그러나 현재는 10년 전과는 전혀 다른 모습이다. 작금의 사태는 자유시장경제 원칙과 달리 정부가 인위적으로 PF 사태를 연장했으며, 금융권에서는 책임지는 모습조차 전혀 없다. 자유 시장의 원칙에 그 어느 때보다 충실해야 할 시점이다.

공급 절벽
_정확히 얼마나 심각한가

전체 물량의 대부분인 약 2만 채가 서초구를 포함한 동남권과 동북권에 집중되어 있는 것이다. 이는 서울시 전체 입주 물량의 약 84%가 특정 지역에 몰려 있음을 의미한다.

앞선 이슈에서 시공비가 2020년대 초반 대비 30% 인상되었고, PF 금리도 2배가 오른 상황에 토지 가격까지 유지되고 있는 현실을 이야기했다. 개발이 힘들어지는 상황이 되자 자연히 개발을 위한 인허가 건수도 평균 대비 낮아졌다. 그런데 인허가를 득하더라도, 정작 중요한 부분은 실제 '착공'에 들어가느냐이다. 예를 들어 빌라 사업자가 빌라를 개발하려 할 때, 인허가를 득하고 바로 착공에 들어가지 않는 경우가 있다. 빌라는 착공 후 준공까지 긴 시간이 걸리지 않기 때문에 인허가를 받으면 1년 이내에 충분히 완공할 수 있다. 그래서 일부 빌라 사업자들은 먼저 인허가를 받아 놓고 시장 상황을 관망하기도 한다. 또는 약간의 시차를 두고 개발에 들어가는 경우도 있다. 따라서 특정 시점에 실제로 착공에 들어가느냐가 해당 시점의 개발 난이 여부를 알려주는 더 좋은 지표가 될 수 있다. 지금부터는 착공 데이터를 통해 현재 부동산 시장을 살펴보겠다.

빌라와 아파트 모두 급감한 착공 물량

착공 지표로 본 2023년과 2024년 상황은 전국과 서울 그리고 빌라와 아파트 시장 모두 심각하다. 빌라의 경우 2010년대 전국 착공 물량이 연평균 20만 채였다. 그런데 2023년은 전국을 통틀어 약 2만 4,000채에 불과하다. 평균의 12% 수준이다. 빌라포비아로 인해 전국의 빌라 수요가 급감한 데다 여전히 토지비가 비싸 도저히 빌라를 개발할 상황이 아닌 것이다.

문제가 되는 부분은 서울이다. 전국의 경우 인구 감소 흐름을 보았을 때 열위재인 빌라가 과거와 같이 공급이 유지된다면 오히려 추후 문제가 될 가능성이 높다. 그러나 서울은 대기 수요가 많은 도시이기에, 서민들의 주거 공간인 빌라의 공급이 일정 부분 필요하다. 하지만 2023년 서울 빌라 공급량은 약 5,800채에 불과하며 이는 2010년대 연평균(약 3만 8,000채)의 15%에 해당하는 물량이다. 2024년의 착공량은 4월까지 1,500채 정도다. 가정에 한계는 있으나 4월까지 1년 치의 3분의 1이 공급되었다 가정하면, 2024년 물량은 4,500채 혹은 그보다 조금 많을 수 있다. 그렇다면 2024년 서울시 빌라 착공 물량 역시 2023년과 비슷한 수준일 가능성이 높다. 이처

서울 빌라 착공 물량 추이(2011~2024년 4월)

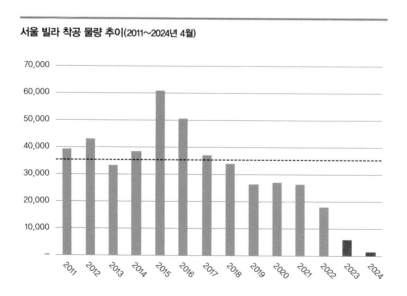

럼 물량이 부족한 경우 전세사기 문제가 해결된다면 빌라 공급 부족
은 장기적으로 빌라 임차(월세 혹은 전세) 가격을 높이고 아파트로의
전월세 이주 수요를 창출할 가능성이 존재한다.

　전국 '아파트' 착공 물량은 빌라보다는 상대적으로 낫다. 그럼에도
지난 평균 대비 55% 선에 머무른다. 2010년대 전국 아파트의 연평균
착공 물량은 약 36만 채였으나 2023년에는 약 20만 채, 2024년에는
4월까지 약 7만 7,000채에 불과하다. 4월까지의 수치로 보면 2024
년 물량도 2023년 수준으로 조심스럽게 예상된다. 서울 역시 과거
평균 대비 55% 선이다. 2010년대 서울 아파트 착공 물량은 연평균
약 3만 9,000채이나 2023년은 약 2만 2,000채, 2024년은 4월까지
약 9,000채에 불과하다. 서울 아파트 착공량 역시 2023년과 비슷할

서울 아파트 착공 물량 추이(2011~2024년 4월)

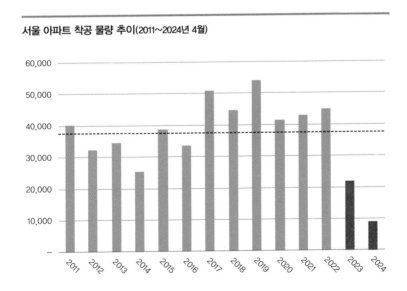

가능성이 크다.

착공 물량은 '미래'에 공급될 물량을 의미한다. 다만 빌라는 착공부터 준공까지 1년 이내에 이루어지는 경우가 많은 만큼 빌라 착공 물량은 단기간의 준공 물량과 일치한다. 문제는 아파트 착공 물량이다. 2023년 서울시 아파트 착공 물량은 2011년 이후 가장 낮은 수치다. 특히 서울 아파트 가격이 급격히 상승했던 2017년 이후의 착공 물량과 비교하면 상황의 심각성이 더하다.

· 2017년: 5만 채
· 2018년: 4만 5,000채
· 2019년: 5만 4,000채
· 2020년: 4만 2,000채
· 2021년: 4만 3,000채
· 2022년: 4만 5,000채
· 2023년: 2만 2,000채

2017년 이후 부동산 가격이 크게 오른 기간 모두 1년에 최소 4만 채 이상의 물량이 나왔다. 2022년은 부동산 가격이 대폭락한 해였음에도, PF 사업이 그냥 진행되었기에 2022년 물량도 상당하다. 2023년 착공 물량이 약 2만 2,000채임을 감안하고 2024년 역시 2023년 수준의 물량이 제공된다고 가정하면 3년 후 준공 물량 역시 매우 낮은 수준이 될 것이다.

공급 물량의 79%가 특정 지역에 몰려 있다

착공이 아닌, 실제 특정 시기의 '입주 물량'을 분석해 보면 2025년부터 2027년까지 서울 아파트 입주 물량에는 두 가지 문제점이 있다.

첫째, 입주 물량이 지나치게 적다.
둘째, 입주 물량이 지역적으로 지나치게 편중되어 있다.

공급이 없는 많은 지역이 존재한다. 2024년에는 서울시 전체에 약 1만 9,800채의 아파트가 입주 예정이다. 이 중 강동구 올림픽파크포레온(옛 둔촌주공 아파트) 단지 하나에서만 약 1만 2,000채의 아파트가 공급된다. 이를 제외하면 서울시 기타 지역의 입주 물량은 약 7,800채에 불과하다. 강동구와 송파구 지역은 올림픽파크포레온 입주 물량의 영향이 강할 수 있으나, 서울 내 다른 지역(특히 서북권과 서남권)은 입주 물량 부족에 직면할 가능성이 크다.

2025년에는 서울시 전체에 약 2만 6,000채의 아파트가 입주 예정이다. 이 중 서초구에 약 4,800채가, 동북권(장위동, 휘경동, 이문동 포함)에 약 1만 5,000채가 입주할 예정이다. 전체 물량의 대부분인 약 2만 채가 서초구를 포함한 동남권과 동북권에 집중되어 있는 것이다. 이는 서울시 전체 입주 물량의 약 84%가 특정 지역에 몰려 있음을 의미한다. 역시 서울시 서북권과 서남권의 입주 물량은 없다.

2026년에는 서울시에 약 1만 2,300채의 아파트가 입주할 예정이다. 이 중 약 8,700채가 서초구 물량이다. 서초구가 서울 전체 입주 물량의 70%를 차지하며, 서초구를 제외한 서울 전역에서의 입주 물량은 약 3,500채에 불과하다.

2027년에는 서울시에 약 9,600채의 아파트가 입주할 예정인데, 역시 서초구에 약 5,000채가 존재한다. 나머지 지역에 약 4,600채가 입주할 예정이다. 2027년에도 서초구가 전체 입주 물량에서 절반 이상의 비중을 차지하고 있음을 알 수 있다.

2024년은 강동구 올림픽파크포레온 입주가 인근 전세와 매매 가격에 어떤 영향을 주는지가 가장 중요한 부분일 것이다. 이후 2025~2027년 3년간은 총 입주 물량이 약 4만 8,000채에 불과하다.

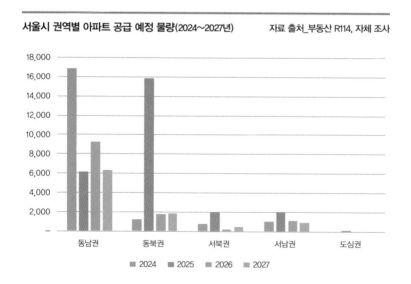

서울시 권역별 아파트 공급 예정 물량(2024~2027년)　　자료 출처_부동산 R114, 자체 조사

2010년대 연평균 서울시 아파트 입주 물량이 대략 3만 3,000채인 점을 생각하면, 향후 3년간 1년 반 치도 안 되는 물량이 나오는 것이다. 이 중 서초구 방배동 일대를 포함한 재개발·재건축 물량이 절대적이니 그나마도 재개발·재건축이 예정대로 진행되는 경우를 가정한 것이다. 이 가정이 현실화되는 경우, 서초구에서 향후 3년간 나올 물량은 약 1만 8,000채로 전체의 39%에 해당한다. 2024년 강동구 올림픽파크포레온이 어느 정도의 영향으로, 어디까지, 얼마나 길게 전세가격을 누를지를 확인할 수 있다면, 향후 물량이 서초구와 강남구 지역에 어느 정도 영향을 끼칠지를 어렴풋 예측할 수 있을지 모른다. 그럼에도 올림픽파크포레온은 한 시점(2024년 하반기)에 나오는 데 반해, 서초구 물량은 3년에 걸쳐서 나오기 때문에 그 영향력의 단순 비교는 어렵다.

이에 더해 동북권에서 3년간 나올 물량(약 1만 9,000채)은 전체의 40%다. 따라서 동북권과 서초구에서 나오는 물량(도합 약 3만 7,000채)이 전체의 79%다. 그렇다면 서울 서쪽 지역의 구는 절대적으로 입주 물량이 부족한 상황에 처할 것이다.

퍼펙트 스톰
_공급 부족과
금리 인하의 협공

국내 외 상황을 고려했을 때 기준금리는 시점이 문제일 뿐 인하가 시작될 것이 자명하다. 기준금리 인하가 명확해지고 실제로 단행된다면 '국고채 10년물 금리'도 하락할 것이며 주택담보대출 금리 역시 지속적으로 내려갈 것이다.

부동산 가격은 공간시장(Space Market)과 금융시장(Capital Market)의 두 부분에서 영향을 받는다. 공간시장은 다시 한 번 부동산 시장의 수요와 공급 측면으로 나뉜다. 부동산 '수요'란 해당 도시의 거주민 혹은 가구수와 이들의 소득 수준이다. 부동산 '공급'은 주택수로 볼 수 있는데, 현재 시장에 존재하는 주택의 수와 미래에 공급될 주택 규모가 중요하다. 그밖에 이에 영향을 주는 다양한 변수들이 고려된다. 예를 들어 GDP 성장(혹은 도시 GDP 규모), 인플레이션, 부동산 인허가, 시공비 등이다.

금융시장은 부동산 공간시장 이외의 영역으로, 공간시장과 분리된 부분이다. 예를 들어 국고채 10년물 금리는 부동산 시장에서 결정되는 것이 아니라, 거시경제와 국제 경제 등에 의해 금융시장에서 결정된다. 금융시장 영역에서는 기준금리와 국고채 10년물 금리, 주택담보대출 금리 등이 중요하다. 지금부터는 공간시장의 수요 및 공급, 그리고 금융시장이라는 세 영역으로 나눠 현시점에서의 부동산 시장을 종합적으로 살펴보고자 한다.

부동산 수요: 소득수준과 주택 양극화

우선 부동산 공간시장에서 수요 측면을 먼저 보자. 수요 측면에서는 거주자와 거주 가구의 수 그리고 지역민들의 평균 소득이 중요하다고 했다. 부동산 시장에 참여하려는 사람들의 절대 규모가 크면

클수록 해당 지역의 가격은 상승 모멘텀을 갖게 된다. 서울과 같이 인구 1,000만 명 규모를 오랜 기간 구가하다가 인구 자체가 감소하며 900만 명대 중반에 이른 지역에서는, 거주 가구수는 문제가 되지 않는다. 오히려 서울 같은 지역에서는 지역민들의 '소득 수준'이 중요하다. 지역민의 소득이 증가하면 부동산 가격은 상승할 수밖에 없다. 과거 1,000만 명이 거주했던 도시에 현재 900만 명이 거주하더라도, 연평균 소득이 5,000만 원에서 1억 원으로 2배 증가했다면 주택 가격은 소득 향상에 맞춰 올라갈 것이다.

그런데 실제로는 어떨까? 팬데믹을 거치면서 수요 측면에는 크게 두 가지 특징이 나타났다. 첫째는 거대한 인플레이션이 왔음에도 일반인들의 소득은 그에 맞춰 상승하지 않았다는 점이다. 서민들의 실질소득은 정체 혹은 감소했다. 또 다른 특징은 양극화의 심화다. 코로나19 위기 이후 어마어마한 돈이 시중에 풀렸지만 혜택은 중소상공인에게 돌아가기보다는 소수의 기업(특히 플랫폼 기업)에 집중되어 흘러들어갔다. 자산 배분이 불공정하게 이뤄져 빈부 격차는 더욱 커졌다. 이러한 빈부 격차는 당연히 주택 시장에도 양극화를 가져온다. 경기가 좋지 않음에도 자신들의 호주머니에 기대 이상의 돈이 들어오는 경우, 부유층은 거주할 공간에 대한 투자를 더 빨리 더 많이 할 것이다. 강남 일부 지역과 한남동, 성수동 일대에서 100억 원 이상 거래 소식이 심심치 않게 들리는 이유다. 서민들의 체감 경기는 안 좋으나 부유층을 위한 공간은 게토화되면서 주택 시장의 양극화는 더욱 거세졌다.

다만 향후 초고가 지역의 가격만 오른다고 보는 것은 매우 순진한 생각이다. 부동산 시장에서 주택 가격은 '공간 균형'을 찾아간다. 특히 서울처럼 경기도권의 엄청난 대기 수요가 존재하는 도시는 특정 지역의 가격이 상승했다면 인근 지역의 가격도 순차적으로 상승한다.

부동산 수요 측면을 요약하자면 빈부 격차 확대로 주택 시장의 양극화가 진행되고 있으며, 초고가 지역의 아파트 가격 급등은 부동산 시장의 공간 균형으로 인해 인접 지역에 영향을 줄 것이다. 또한 중산층과 서민의 실질소득이 줄어들었다고 하더라도 이를 다른 요소들이 압도하고 있다. 전반적인 소득 감소가 다른 요인에 비해 주택 가격에 더 큰 영향을 끼친다면 주택 가격이 하락하겠지만 그렇지 않다는 것이다. 다른 요인들의 영향은 매우 거대하고 압도적이다. 서울의 압도적인 대기 수요뿐만 아니라 이어서 살펴볼 부동산 공급 측면과 금융시장의 요소들 역시 상승 방향을 가리키고 있다.

부동산 공간: 여전한 고물가 속 공급 절벽

필자는 3년 전 《부동산 트렌드 2022》(2021년 출간)를 집필하면서 인플레이션으로 말미암아 한국은행이 기준금리를 인상할 것이며, 이는 부동산 시장에 거대한 타격을 입히고 서울시 아파트가 평균

20% 이상 폭락할 것이라 예측했다. 많은 사람들이 고통 받았지만, 필자의 예측대로 부동산 시장은 매우 심각한 충격을 입었다. 지금 시점에서는 이런 두 가지 질문을 던질 수 있을 것이다.

"과연 인플레이션은 잡혔는가?"
"물가는 높은 수준인가 낮은 수준인가?"

인플레이션에 대한 질문의 답은 사람마다 다를 수 있다. 미국은 소비자 물가지수를 산정할 때 부동산(거주) 비용이 차지하는 비중이 30~40%에 달한다.[16] 그러나 우리나라는 10%에 불과하다.[17] 사람들이 물가상승률 수치를 들으면 고개를 갸우뚱하는 경우가 많은 이유다. 자신은 부동산에 쓰는 비용이 많아 체감하는 물가상승률이 더욱 크기 때문이다. 그러나 정책 당국은 수치상 물가상승률이 안정적인 수준으로 내려오고 있다고 판단하는 것 같다. 이는 기준금리 인하에 큰 무리가 없다는 해석으로 연결될 수 있다.

우리는 여기서 다음 질문으로 넘어가야 한다. 그렇다면 물가는 정말 낮아진 걸까? 여기에 대한 대답은 하나다. 이제껏 경험하지 못한 '고물가'가 계속 진행 중이다. 그리고 이러한 고물가 수준에서는 부동산이 가장 좋은 투자처임을 그 누구도 부정할 수 없다. 이런 주장을 하면 일부 사람들은 '부동산 살리기'를 위한 주장으로 폄하하기

도 한다. 하지만 부동산에 대한 '팩트'를 간과하며 해결책으로 나아
갈 수는 없는 노릇이다.

많은 분들이 필자의 저서 속 디테일을 보지 못했을 수 있다. 필자
는 나름대로 고민을 하면서 매해 책 제목을 정한다. 작년 책《부동산
트렌드 2024》의 부제는 '서울 아파트 상승의 전조'였다. 인플레이션,
PF 사태 해결 가능성, 빌리포비아 등 난제가 둘러싸여 있기에, 이 문
제들이 빠르게 풀리지 않으면 서울 아파트 가격의 상승 가능성이 높
다고 보았다. 2024년 현재, 서울 아파트는 **상승 사이클에 돌입했다.**
이는 앞서 설명한 것처럼 인플레이션의 영향(이슈2), 전세가격 폭등
과 매매로의 전환 시작(이슈3), PF 사태 대처 실패로 인한 최악의 공
급 부족(이슈4, 5)에서 기인한다. 부동산 공급 측면과 연결되는 사안
들이다.

인플레이션은 화폐의 가치를 감소시키는 데 반해, 실물자산인 부
동산의 가치를 끌어올린다. 인플레이션으로 인해 우리나라를 비롯
한 글로벌 부동산 시장에서 월세가 폭등하는 현상이 일어났다. 투자
자 측면에서는 부동산 투자수익률이 상승하는 것이므로, 부동산이
라는 자산이 한층 매력적으로 보인다. 따라서 인플레이션이 팽배한
시기에는 부동산에 대한 수요가 높아진다. 동시에 건설비, 인건비
등 시공비용이 높아짐에 따라 현 단계의 인허가와 착공을 감소 혹은
지연시키며 미래 공급이 급감하게 된다. 시공비가 인상되면 건설회
사의 부담이 커지고 조합과의 분쟁이 발생하면서 개발 자체가 취소

되거나 준공이 연기되기 때문이다.

시공비 상승은 PF 문제와도 연결된다. PF 정책이 실패함에 따라 여전히 토지 가격이 높은 상황에서 PF 금리마저 상승해 금융비용이 증가했다. 시공비와 금융비가 동시에 상승하니 도저히 프로젝트가 수지에 맞지 않는다. 많은 원인이 겹쳐지며 현재 실질적으로 가장 낮은 수준의 착공이 이루어지고 있다. 앞에서도 언급했지만 PF 사태를 바라보며 주의해야 할 것은 서울과 지방을 보는 시각이 달라야 한다는 점이다. 서울 같은 경우 토지 가격이 2~30%만 하락해도 프로젝트가 다시 시작돼 언젠가는 인허가가 될 확률이 높으나, 지방은 아예 수익성이 안 나오고 있는 상황이다. **여전히 미분양이 넘치는 지방 부동산은 희망적으로 보기 어렵다.** 또한 서울 역시 토지 가격이 내려간다고 하더라도 기본적으로 인허가와 착공에 최소 5~6년의 시간이 필요하다는 것을 기억해야 한다. 지금의 부동산 개발 환경이 변한대도 공급(입주 물량)은 '미래'의 이야기다. 2025~2028년 사이의 공급 부족은 이미 명확히 정해진 사실이다.

공급 측면에서 이토록 물량이 지속적으로, 장기간 부족한 사태는 거의 최초의 일이다. 인플레이션과 PF 정책 실패로 비롯된 공급 절벽은 결국 전세가격을 먼저 밀어 올렸고 이것이 매매가격으로 전가되는 현상이 나타나고 있다. 이미 시장에서는 전세 거래 비중이 줄어들고 매매 거래 비중이 늘어났다. 전세가격 상승의 결과로 임차 수요가 매매로 전환되고 있는 것이다.

금융시장: 시점이 문제일 뿐, 금리는 인하된다

그렇다면 금융시장에서는 어떤 일들이 벌어지고 있을까? 지난 《부동산 트렌드 2024》에서도 주요하게 다뤘던 '국고채 10년물 금리'에 여전히 주목할 필요가 있다. 2023년 10월 4.39%까지 치솟던 한국 국고채 10년물 금리는 2024년 6월 현재 3.23%까지 하락했다. 불과 8개월 만에 100bps 이상 하락한 것이다. 이는 어느 시점엔가 한국은행에서 기준금리를 인하할 거라는 기대가 선반영된 것이기도 하다. 이처럼 매우 짧은 기간에 100bps나 국고채 금리가 인하되면 시장에 유동성이 돌 수밖에 없고 부동산 시장가격도 당연히 상승 압박을 받는다.

현재의 금융시장에서 우리는 두 가지 흐름을 읽을 수 있다.

첫째, 더 이상의 기준금리 인상은 힘들다. 한국은행은 지난 2023년 1월 13일 기준금리를 3.25%에서 3.5%로 인상한 후 2024년 6월 현재까지 장장 17개월 동안 기준금리를 연속해 동결하고 있다. 기준금리 인상은 대출 금리 인상으로 이어져, 한계 상황의 가계에 큰 부담을 주고 경기를 더 악화시킬 수 있다는 염려가 존재한다. 한국은행의 메시지를 보면 외부의 충격적인 상황 변화가 없다는 가정 하, 향후 기준금리 인상은 이루어지기 힘들다.

둘째, 기준금리 인하는 언젠가 시작된다. 금융권의 대체적인 시각이 '더 이상의 기준금리 인상은 없다'라면 이제는 기준금리를 언제

인하할 것이냐는 질문으로 넘어갈 차례다. 2023년 연말에는 2024년 중반부터 기준금리 인하가 시작될 것으로 예측했다. 이러한 예측이 국고채 10년물 금리 인하에 영향을 준 것이 사실이다.

글로벌 금융 환경을 보면, 미국이 기준금리를 인하하지 않았음에도 주요 국가들이 기준금리 인하를 시작하고 있다. 유럽 역시 상당한 고물가로 고통받고 있음에도(우크라이나-러시아 전쟁으로 가스관 공급망에 차질이 빚어지며 난방비가 대폭등한 것 등), 경기 후퇴 가능성을 막고자 기준금리 인하를 단행했다. 유럽중앙은행(ECB)은 2024년 6월 초 기준금리를 4.5%에서 4.25%로 인하했다.[18] 영국 중앙은행인 영란은행(BOE)은 아직까지 기준금리를 5.25%로 유지하고 있으나, 시장에서는 올 하반기 2~3회의 금리 인하가 있을 것으로 전망하고 있다.[19] 스위스국립은행(SNB)은 2024년 3월과 6월에 각각 0.25%p씩 두 차례의 기준금리 인하를 실시해 1.75%에서 1.25%로 금리가 낮아졌다.[20] 따라서 국내외 상황을 고려했을 때 기준금리는 시점이 문제일 뿐 인하가 시작될 것이 자명하다. 그리고 기준금리 인하가 명확해지고 실제로 단행된다면 '국고채 10년물 금리'도 하락할 것이며 주택담보대출 금리 역시 지속적으로 내려갈 것이다.

부동산에 있어서 금리 인하는 매우 큰 효과를 낸다. 예를 들어 10억 원 주택을 구입할 때 LTV 50%를 가정하면 자기자본 5억 원과 은행 대출 5억 원이 투입된다. 이때 은행 이자가 5%라면 1년 이자는 2,500만 원이다. 금리가 인하돼 주택담보대출 금리가 2.5%로 내려가는 경우 1년 이자는 1,250만 원으로 줄어들게 된다. 만약 주택 구매자가 연 2,500만 원의 이자가 충분히 감당 가능하다고 판단한다면, 자기자본과 LTV 조건만 맞으면 주택의 상향 이동을 시도할 수 있다. 이론상 자기자본이 10억 원이 있다고 하면 담보대출 이자 총액이 10억 원까지 부담 가능해지면서, 20억 원 주택도 선택권에 들어간다. 따라서 주택담보대출 금리 인하는 다양한 경로를 통해 주택 수요를 자극한다.

5억 원(이자 총액) = 2,500만 원(1년 치 자기 부담 이자) ÷ 5%(주택담보대출 금리)
10억 원(이자 총액) = 2,500만 원(1년 치 자기 부담 이자) ÷ 2.5%(주택담보대출 금리)

모든 지표가 '상승'을 가리킨다

지금까지의 상황을 정리하면 앞으로 단기간(5년 이내)에 일어날 수 있는 '정해진 미래'는 서울 아파트의 경우 ①역대급 공급 부족이 3~4년간 지속될 것이고, ②동기간 금리가 낮아진다는 것이다. 공급 부족은 누군가에게는 안 좋은 소식이 될 수 있으나 부동산 시장 가격에는 상승 방향으로 연결된다. 금리 인하 역시 부동산 수요를 자극하기에 더 많은 사람의 시장 참여를 부추길 것이다. 부동산 공간 시장과 금융시장의 여러 현황(인플레이션으로 인한 시공비 급등, PF 정책 실패로 말미암은 토지 가격의 유지와 공급 부족, 전세가격 상승과 매매로의 전환, 예상되는 금리 인하와 부동산 수요 자극 등)이 합쳐지면서 모든 요소가 부동산 가격 상승을 가리키고 있다.

Part
4

12개 대장 단지
상세 리포트

아파트 단지별 슈퍼사이클 확인

대부분의 단지들에서 슈퍼사이클이 시작되고 있다. 다만 강남과 강북권에는 작은 차이가 존재하며 평형대별 차이도 존재한다. 그럼에도 큰 흐름의 변화는 누구도 부인할 수 없는 사실이다.

대장 단지의 흐름이 바뀌었다

서울 아파트 시장 '슈퍼사이클'이 실제로 대형 단지에도 나타나고 있는지 확인할 필요가 있다. 사실 서울시 아파트 매매가격지수는 기본적으로 대형 단지들의 흐름을 반영한다. 따라서 당연히 대형 단지들에서도 슈퍼사이클은 시작되었다. 이번 Part에서는 각 대장 단지들의 흐름을, 그중에서도 가장 관건이 되는 2023년 이후를 세밀하게 살펴보려 한다. 금리가 상승하면서 벌어진 2022년의 대폭락은 누구나 동의하고 기억하고 있는 부분이다. 그러나 2023년 이후의 흐름은 매우 혼란스럽다.

2023년 상반기는 완연한 상승장을 보여줬으나, 2023년 중반 이후 국고채 10년물 금리(시장금리)가 상승하면서 주택담보대출 금리가 상승하자 주택 수요가 일시적으로 끊겼었다. 2023년 후반과 2024년 초반은 명백한 주택 시장 침체기였다. 그러나 2024년 2분기를 지나면서 시장은 전혀 다른 방향으로 흐르고 있으며 이는 거래량에서도 나타난다. 그리고 대부분의 단지들에서 슈퍼사이클이 시작되고 있다. 다만 강남과 강북권에는 작은 차이가 존재하며 평형대별 차이도 존재한다. 그럼에도 큰 흐름의 변화는 누구도 부인할 수 없는 사실이다.

지금부터는 서울시 아파트 단지에서 어떻게 슈퍼사이클이 시작되고 있는지 구체적으로 살펴볼 것이다. 이번 책에서는 지난 《부동산 트렌드 2024》에서 분석한 8개 아파트 단지에 신규로 4개 단지를 추가했다. 큰 흐름은 동일한 만큼, 아파트 단지별로 다소 반복적인 내용이 등장할 수 있다. 독자 여러분들은 각자 자신에게 필요한 단지를 골라 일부만 읽어도 무방하다. 분석에 활용된 12개 단지는 다음과 같다.

- · 종로구 경희궁자이
- · 강동구 '고덕그라테온(고덕그라시움, 고덕아르테온)'
- · 송파구 헬리오시티
- · 강서구 마곡엠밸리

서울시 12개 대장 단지 지도

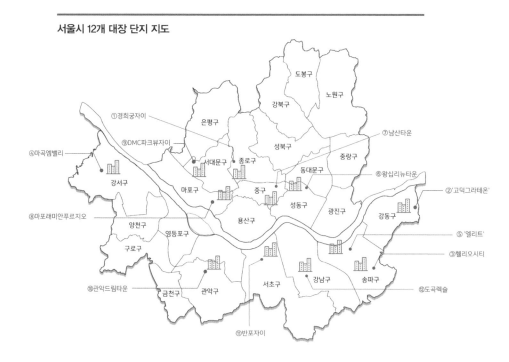

- 송파구 '엘리트(엘스, 리센츠, 트리지움)'

- 성동구 왕십리뉴타운

- 중구 남산타운

- 마포구 마포래미안푸르지오

- 서대문구 DMC파크뷰자이

- 관악구 관악드림타운

- 서초구 반포자이

- 강남구 도곡렉슬

서울시 아파트는 역대 최고가를 경신할 것인가

대장 단지 트렌드 파악은 두 가지 관점에서 분석이 요구되는데, 그 첫 번째는 'N파고'의 등장이다. 이는 2023년 이후의 가격 트렌드를 봐야 한다. N이란 글자를 쓰기 위해서는 상승, 하락, 상승의 획을 세 번 연속으로 그어야 한다. 이 책에서는 2023년 이후 상승, 하락, 상승 추이의 연속성이 있는지를 보고 N파고가 나타나는지를 확인한다. 또한 N파고의 달성 여부는 두 번째 상승의 최고가가 첫 번째 상승 최고가를 돌파했는지에 따라 판단할 수 있다. 따라서 N파고의 달성이란 직전 최고가를 상회해 가격이 지속적으로 상승할 가능성을 의미한다.

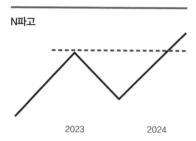

N파고

2023   2024

한 발 더 나아가 서울시 대장 단지들이 W파고의 가능성이 있는지도 확인하려 한다. W파고는 N파고와 유사하지만 4개의 획을 연속으로 그어야 한다. 근래에 N자 파동을 만들며 상승한 단지들이 과연 그 이전(2021년 하반기~2022년 상반기)의 역대 최고가까지 뛰어넘을 가능성이 있는지 보기 위함이다. 이는 실질적으로 2021년 최고가 이후의 가격 트렌드를 봐야 한다. 이 책에서는 2021년 이후 하락-상승-하락-상승의 연속성 여부를 보고 W파고의 가능성을 판단한다. 따라서 2021년 하반기 이후의 분기별 패턴을 중심으로 분석할 것인데, 분기별 가격은 해당 분기 매매 거래건들의 평균 거래액이다.

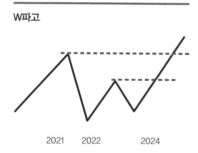

W파고

2021   2022   2024

분석 결과를 보기에 앞서 부동산 상관관계에 대한 일반적인 사항 두 가지를 짚고 넘어가려 한다.

첫째, 금리는 아파트 매매가격과 역의 상관성을 보인다. 예시를 보겠다. 아래 그래프를 보면 2030세대 중 74.4%가 주택을 구입함에 있어 비용 중 50% 이상을 대출로 활용한다고 한다. 즉 10억 원짜리 아파트를 구입할 때 74.4% 이상은 5억 원 이상의 대출을 실행한다는 것이다. 이런 경우 50%만 대출을 활용했다고 해도 금리가 1%p 오를 때마다 연 이자가 500만 원씩 가중된다. 그래서 금리가 낮으면 대출에 대한 부담이 적어지기에 매매가격의 상승을 유도할 수 있고, 금리가 높으면 대출에 대한 부담이 커져 자연스레 주택 매매 시장이 위축된다. 이는 세대나 자금 규모를 떠나 자연스러운 경제 원리다.

주택담보대출 금리는 2022년 4분기에 고정형 4.65%. 변동형

2030세대의 자가 구입 비용 내 대출·지원 비중 출처_'2024 보통사람 금융생활' 보고서(신한은행)

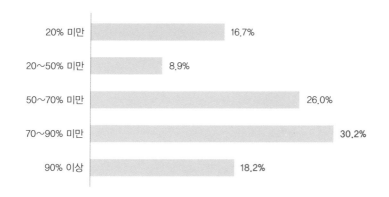

20% 미만	16.7%
20~50% 미만	8.9%
50~70% 미만	26.0%
70~90% 미만	30.2%
90% 이상	18.2%

5.11%를 기록한 후 대체적으로 우하향 추세를(2023년 3분기에는 소폭 상승) 보였다. 금리가 짧은 기간 '∧' 형태를 띤 것이다. 이와 역의 상관관계에 있는 매매가격은 '∨' 형태를 보일 수 있을 것이다.

둘째, **매매가격과 거래량은 동조화 현상을 보인다.** 주택의 거래량이 증가하면 매도인은 매도 희망가격을 올리고 시장에서는 그에 따른 추격 매수세가 이어진다. 이는 금리가 낮아 주택 거래가 활발한 시기에 발생하는 현상이다. 반대로 주택 거래량이 줄어들거나 없을 때는 금리가 높은 상황일 때가 많고, 거래가격이 암묵적으로 낮아지는 현상을 보인다. 따라서 일반적으로 매매가격과 거래량은 동조화 현상을 보이는 것이다.

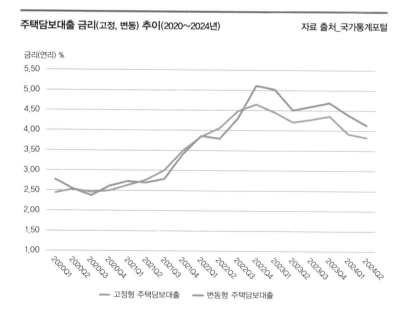

주택담보대출 금리(고정, 변동) 추이(2020~2024년)　　　　자료 출처_국가통계포털

다만 거래량 추이는 직전 1~2년 대비 거래량이 증가 혹은 감소했는지를 관찰하는 것이 좋다. 전체 기간 대비 특정 시점의 거래량이 얼마나 증가·감소했는지에 대한 분석은 결과를 오도할 수 있다. 예를 들어 2010년대 중반과 현재의 거래량을 단순 비교하는 것은 적절치 못하다. 부동산 가격이 현재 수준에 훨씬 못 미쳤던 2010년대 중반은 거래량과 가격의 상관관계가 뚜렷했다. 거래량이 늘면 가격이 오르는 관계가 있었던 것이다. 그런데 2010년대 중후반 이후, 가격이 다른 차원으로 크게 오르면서 거래량이 2010년대 중반 이전에 비해 많이 부족한데도 가격이 상승하는 패턴이 나타났다. 따라서 긴 시간을 두고 거래량을 비교하면 해석에 오류가 생길 수 있는 것이다. 직전 1~2년 대비 거래량 변화를 살펴보는 것이 더 실질적이다.

분석 자료에 관해 덧붙이자면 본 Part에서는 국토교통부의 부동산 실거래가 데이터를 활용했다. 이 데이터들 중 우선 거래가 취소된 건을 제거했다. 그리고 절세를 위해 일부러 가격을 낮춰 거래한 가족, 지인 등과의 직거래 건도 제거했다. 마지막으로 주택의 상태 및 옵션에 따라 최고 가격과 최저 가격의 범위가 커질 수 있어 평균 가격(mean)을 활용했다. 25평형과 33평형 분석을 모두 진행했으나 결과에는 큰 차이가 없어 책에는 33평형만 수록했다. 그럼 본격적으로 서울시 아파트 가격 분석 결과를 살펴보자.

서울 대장 단지
가격 분석

송파구의 헬리오시티, 마포구의 마포래미안푸르지오, 서대문구의 DMC파크
뷰자이, 강서구의 마곡엠밸리 같은 2010년대 중후반 이후에 준공된 준신축
단지들부터 상승기가 시작되었다. 이후에는 결국 상승세가 그 외의 신축보다
중소 규모의 강북 아파트 단지들까지 확산될 것이다.

①종로구 경희궁자이

경희궁자이는 1~4단지로 구성된 종로구의 중형 아파트 단지로서 서울 지하철 3호선 독립문역과 5호선 서대문역 근처에 위치한 더블 역세권 단지다. 이곳은 종로구에 위치한 만큼 서울 도심(CBD, Central Building District)과 매우 인접하게 있어 대표적인 직주근접 아파트다. 주위에는 서울특별시교육청, 강북삼성병원, 세브란스병원, 경찰

경희궁자이 지도   출처_네이버지도

청 등 다양한 기관과 편의시설이 존재한다.

경희궁자이 1~3단지는 아파트, 4단지는 오피스텔로 구성되어 있으며, 1단지는 임대 아파트이다. 따라서 이번 분석에서는 아파트 형태로 매매 거래가 활성화된 경희궁자이 2~3단지에 대해서 살펴본다. 경희궁자이 2단지는 14개 동으로 1,148세대이며, 3단지는 8개 동으로 589세대이다. 서울독립문초등학교, 서울덕수초등학교, 대신중학교, 대신고등학교, 이화여자고등학교 등 많은 학교가 단지 근처에 있다.

이번에는 경희궁자이 33평형대 가격 트렌드를 살펴보겠다. 분석에 사용한 호수는 1,148호에 이른다. 결과를 요약하자면 경희궁자

경희궁자이　　　　　　　　　　　　　　　　　출처_네이버지도 거리뷰

이 33평형은 N파고의 하락기 없이 바로 상승기로 갈 가능성이 있다. 2024년 2분기 현재는 평균가격이 5개 분기 연속 상승했으며 W파고를 이루는 역대 최고가에 근접해가고 있는 상황이다.

구체적으로 2022년부터 어떤 흐름을 거쳐 왔는지 살펴보자. 아래 가격은 해당 분기 평균 거래가격을 의미하며 괄호 속 숫자는 거래가 있었던 직전 분기 대비 변동률이다.

[폭등기: 2022년 1분기~2분기]

2022년 1분기: 20억 3,500만 원
→ 최고가: 23억 원, 거래량: 2건
2022년 2분기: 22억 2,500만 원(+9.3%)
→ 최고가: 23억 원, 거래량: 3건

종로구 경희궁자이 33평형대 가격 추이(2020~2024년)

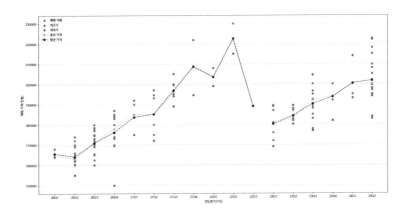

평균가격 기준으로 최고가를 기록한 시점은 2022년 2분기다. 이때 23억 원 거래가 이뤄지기도 했다. 하지만 시장 상황은 금리 인상의 영향으로 2022년 하반기에 들어서면서 급변하기 시작했다.

[급락기: 2022년 3분기~2023년 1분기]

2022년 3분기: 18억 9,000만 원(-15.1%)

→ 최고가: 18억 9,000만 원, 거래량: 1건

2022년 4분기: 거래량 0건

2023년 1분기: 18억 300만 원(-4.6%)

→ 최고가: 18억 9,500만 원, 거래량: 10건

2022년 3분기에는 20억 원 선을 깨고 가격이 내려오기 시작했다. 이어 4분기에는 거래량이 아예 없었다. 2023년 가격은 이전 최고점인 2022년 2분기 평균가격과 비교하면 약 19% 하락했다.

[상승기: 2023년 2분기~2024년 2분기]

2023년 2분기: 18억 4,400만 원(+2.2%)

→ 최고가: 18억 9,500만 원, 거래량: 9건

2023년 3분기: 19억 100만 원(+3.1%)

→ 최고가: 20억 4,500만 원, 거래량: 13건

2023년 4분기: 19억 3,600만 원(+1.8%)

→ 최고가: 21억 원, 거래량: 5건

2024년 1분기: 20억 400만 원(+3.5%)

→ 최고가: 21억 4,000만 원, 거래량: 5건

2024년 2분기: 20억 1,600만 원(+0.6%)

→ 최고가: 22억 2,500만 원, 거래량: 23건

2023년 2분기에 들어서며 상황이 반전되었다. 분기 평균가격뿐만 아니라 최고가 또한 이전 분기 가격을 계속 넘어서면서 상승하기 시작한 것이다. 거래량도 분기 평균 11건을 기록하면서 전년도에 비해 크게 증가했다.

2024년 2분기 평균가격은 20억 1,600만 원으로 5개 분기 연속 상승한 값이다. 또한 최고가가 직전 분기보다 8,500만 원 상승했고, 거래량도 5건에서 23건으로 4배 이상 증가한 것을 보면 시장 분위기에 따라 가격 상승세가 이어져 W파고도 돌파할 것으로 기대된다.

②강동구 '고덕그라테온'

이 책에서는 고덕그라시움과 고덕아르테온을 아울러 '고덕그라테온'이라 칭하려 한다. 두 단지는 준공연도와 위치, 규모 등이 유사해 함께 분석하는 것이 의미 있기 때문이다. 고덕그라시움과 고덕아르테온은 강동구의 대형 아파트 단지로 서울 지하철 5호선 상일동역을 기준으로 남·북에 위치해 있다. 고덕그라시움은 상일동역 1~4번

출구 쪽에 있으며, 고덕아르테온은 5~8번 출구 쪽에 있다. 5호선 상일동역은 왕십리역까지 환승 없이 30분 이내, 잠실역까지 1회 환승해 30분 이내에 도착이 가능하며, 자가용을 이용할 경우 올림픽대로, 강동대교, 수도권 제1순환도로를 통해 서울과 수도권 업무지구로의 이동이 용이하다.

고덕그라시움은 2019년 9월에 준공되어 지하 3층, 지상 9~35층으로 구성된 4,932세대 53개 동의 대형 단지다. 고덕아르테온 역시 매우 유사하게 2020년 2월에 준공돼 지하 3층, 지상 9~34층으로 구성되었고 4,066세대 41개 동의 대형 단지다. 두 곳 모두 어린이집과 초등학교를 끼고 있는 얼품아, 초품아 단지이며 고덕그라시움은 공원만 건너면 초등학교, 중학교, 고등학교가 모두 있다.

고덕아르테온   출처_네이버지도 거리뷰

　두 단지는 합쳐서 약 9,000세대에 달하는 만큼, 단지 내에 다양한 편의시설과 공공시설이 존재한다. 의료 시설, 음식점, 부동산, 미용실, 세탁소, 학원, 옷가게 등이 있으며, 고덕아르테온 별동 입구 옆에는 우체국이 있고, 322동 옆에 파출소, 강동구 체육시설 등도 위치해 있다. 단지 외곽으로 공원도 2~3개씩 있다.

　고덕그라테온 33평형대는 5,274호에 이른다. N파고를 달성했으며 2024년 2분기 최고가가 2022년 1분기의 역대 최고가에는 이르지 못했지만 추이상 W파고를 달성할 가능성이 있는 상황이다.

[폭등기: 2022년 1분기]

2022년 1분기: 18억 6,000만 원

강동구 '고덕그라테온' 33평형대 가격 추이(2020~2024년)

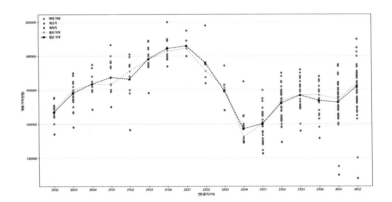

→ 최고가: 19억 5,000만 원, 거래량: 4건

2022년 최고가를 찍은 시점은 2022년 1분기로, 평균 매매 거래가격은 18억 6,000만 원, 최고가는 19억 5,000만 원을 기록했다. 그런데 시장 상황은 2022년 2분기에 들어서면서 급변하기 시작했다. 금리 인상이 시작되면서 시장 자체가 얼어붙은 것이다.

[급락기: 2022년 2분기~4분기]

2022년 2분기: 17억 6,100만 원(-5.3%)

→ 최고가: 19억 8,000만 원, 거래량: 4건

2022년 3분기: 15억 9,400만 원(-9.5%)

→ 최고가: 22억 원, 거래량: 6건

2022년 4분기: 13억 7,100만 원(-14%)

→ 최고가: 16억 5,000만 원, 거래량: 13건

2022년 2분기부터 시장은 돌변했다. 그 여파로 3개 분기 동안 직전 최고점인 2022년 1분기의 평균가격에 비해 약 26% 하락했다. 2022년 3분기까지는 평균 거래가격이 15억 원 이상을 유지했으나 4분기에는 13억 7,100만 원까지 급락했다. 이는 2020년 1분기의 평균가격보다도 약 7,200만 원 낮은 수준이다.

[상승기: 2023년 1분기~3분기]

2023년 1분기: 14억 100만 원(+2.2%)

→ 최고가: 16억 원, 거래량: 35건

2023년 2분기: 15억 2,200만 원(+8.6%)

→ 최고가: 17억 원, 거래량: 46건

2023년 3분기: 15억 6,800만 원(+3%)

→ 최고가: 17억 2,000만 원, 거래량: 28건

2023년에 들어서면서 상황이 반전되기 시작했다. 평균가격뿐만 아니라 최고가격 또한 분기마다 이전 분기 가격을 넘어서면서 상승하기 시작한 것이다. 게다가 거래량도 분기 평균 36건 이상을 기록하면서 가격 하락기의 평균 7건에 비해 5배 이상 증가했다. 이를 통해 N파고의 첫 번째 상승 파고를 확인할 수 있다.

[하락기: 2023년 4분기~2024년 1분기]

2023년 4분기: 15억 3,700만 원(-2%)

→ 최고가: 16억 8,000만 원, 거래량: 17건

2024년 1분기: 15억 2,700만 원(-0.7%)

→ 최고가: 17억 5,000만 원, 거래량: 50건

2023년 4분기부터 2024년 1분기는 하락기에 해당한다. 2024년 1분기의 평균가격은 15억 2,700만 원으로 2023년 3분기의 가격 대비 2.6%가량 하락한 수준이다. 이 시기 또한 기준금리의 변동은 없었으나 일시적으로 시장금리가 상승한 것에 대한 여파로 보인다. 이는 N파고의 첫 번째 하락 파고에 해당한다.

[상승기: 2024년 2분기]

2024년 2분기: 16억 1,900만 원(+6%)

→ 최고가: 19억 원, 거래량: 80건

2024년 2분기에 들어서면서 분위기는 다시 상승으로 바뀌었다. 거래량도 폭발했고, 평균 거래가격은 16억 1,900만 원을 기록했다. 2022년 1분기의 역대 최고 평균가격까지 도달하지는 못했지만 2023년 3분기의 상승기 가격은 이미 도달했다. 따라서 고덕그라테온 33평은 N파고를 돌파했으며, W파고 역시 도달 가능성이 있다고 판단된다.

③송파구 헬리오시티

　2018년 12월에 입주를 시작한 송파구 헬리오시티는 단일 단지로서는 규모가 매우 큰, 초대형 아파트 단지다. 2년간 거주 요건이 충족되는 2020년 4분기부터 거래가 적극 활성화되었다. 1980년에 준공된 6,600세대의 가락시영아파트를 HDC현대산업개발, 현대건설, 삼성물산이 재건축한 아파트인데, 총 84개 동(지하 3층, 지상 10~35층), 9,510세대로 구성돼 있어 대한민국 최대의 세대수를 기록하고 있다.

　헬리오시티는 송파역 3, 4번 출구에 위치해 있으며, 강남3구에 속하는 만큼 주변 학군이 우수하다. 대치동 학원가까지 차량으로 5~10분 정도의 거리이며, 주변에 위치한 해누리중학교의 특목고 진

헬리오시티 지도　　　　　　　　　　　　　　　　출처_네이버지도

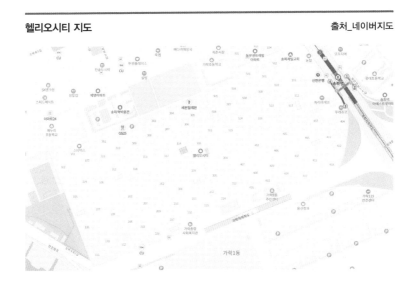

학률은 2021년 송파구 1위고, 잠실여고의 의대 진학 실적도 송파구 1위를 기록하고 있다. 또한 헬리오 학원가가 단지 북쪽에 위치해 있고 해누리중학교가 단지에 붙어 있으며, 초등학교와 고등학교가 송파역 1, 2번 출구 방향에 있다.

헬리오시티는 초대형 아파트 단지인 만큼 의원, 카페, 베이커리, 피트니스센터, 컬처센터, 독서실 등 각종 부대시설이 잘 갖춰져 있다. 그밖의 편의시설로 탄천 축구장, 송파책박물관, 탄천변 등이 인근에 있으며 단지 내에도 1km가 넘는 중앙공원이 있어 산책길이 잘 조성되어 있다.

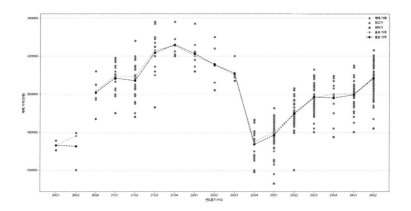

헬리오시티 33평형대는 무려 5,132호에 이른다. 33평형 역시 평균가격 기준으로 N파고를 달성했다. 2024년 2분기 최고가가 W파고를 이루는 2021년 최고가에는 이르지 못한 상황이지만, 가능성은 있다고 판단된다.

[폭등기: 2021년 3분기~4분기]

2021년 3분기: 22억 1,700만 원

→ 최고가: 23억 8,000만 원, 거래량: 19건

2021년 4분기: 22억 6,000만 원(+1.9%)

→ 최고가: 23억 8,000만 원, 거래량: 7건

2021년 최고가를 기록한 시점은 2021년 4분기다. 이 단지 역시

금리 인상의 영향으로 2022년에 들어서며 시장 분위기가 바뀌었다.

[급락기: 2022년 1분기~4분기]

2022년 1분기: 22억 1,200만 원(-2.1%)

→ 최고가: 23억 7,000만 원, 거래량: 8건

2022년 2분기: 21억 5,500만 원(-2.6%)

→ 최고가: 23억 원, 거래량: 6건

2022년 3분기: 21억 1,000만 원(-2.1%)

→ 최고가: 22억 원, 거래량: 6건

2022년 4분기: 17억 3,500만 원(-17.8%)

→ 최고가: 18억 6,500만 원, 거래량: 26건

2022년 1년 동안 직전 최고점인 2021년 4분기 평균가격에 비해 약 23% 하락했다. 2022년 3분기까지는 평균 거래가격이 21억 원 이상을 유지했으나 4분기에는 17억 3,500만 원까지 급락했다. 이는 2020년 1분기 평균가격(17억 3,000만 원)과 비슷한 수준이다. 하지만 급락한 가격도 분양가격이 7억 8,000만 원~9억 1,600만 원 수준이었던 것을 감안하면 최소 89%에서 122% 상승한 것이다.

[상승기: 2023년 1분기~3분기]

2023년 1분기: 17억 8,400만 원(+2.8%)

→ 최고가: 19억 2,500만 원, 거래량: 55건

2023년 2분기: 18억 9,800만 원(+6.4%)

→ 최고가: 20억 3,000만 원, 거래량: 54건

2023년 3분기: 19억 8,400만 원(+4.5%)

→ 최고가: 21억 3,000만 원, 거래량: 45건

2023년이 되자 상황이 반전되었다. 평균가격과 최고가 모두 분기마다 이전 분기 가격을 넘어서면서 상승했다. 2020년 4분기의 평균가격(20억 600만 원)에 가까워지고 있는 수준이다. 거래량은 분기 평균 51건 이상으로 이전 연도의 평균 11건에 비해 4배 이상 증가했다. 이 시기가 N파고의 첫 번째 상승 파고다.

[하락기: 2023년 4분기]

2023년 4분기: 19억 7,900만 원(-0.3%)

→ 최고가: 20억 9,500만 원, 거래량: 13건

2023년 4분기에 아주 짧은 하락기가 찾아왔다. 직전 분기와 비교해 0.3% 정도인 500만 원이 하락했다. 하락기이긴 하지만 거래량은 13건으로 2022년의 분기별 평균 거래량을 웃도는 모습이다. 이는 N파고의 첫 번째 하락 파고에 해당한다.

[상승기: 2024년 1분기~2분기]

2024년 1분기: 19억 9,500만 원(+4.1%)

→ 최고가: 21억 5,000만 원, 거래량: 43건

2024년 2분기: 20억 8,300만 원(+4.4%)

→ 최고가: 22억 3,000만 원, 거래량: 85건

헬리오시티 33평형 역시 2024년에 들어서며 분위기가 다시 상승으로 변했다. 거래량은 평균 60건을 상회했고, 2분기에는 평균 거래 가격도 20억 원을 넘어섰다. 직전 고점인 2023년 3분기 가격(19억 8,400만 원)도 뛰어넘은 모습이다. 2021년의 고점 22억 6,000만 원에는 아직 도달하지 못했다. 헬리오시티 33평은 N파고를 돌파했으며, W파고 역시 도달 가능성이 있다고 판단된다.

④강서구 마곡엠밸리

강서구 마곡엠밸리는 SH(서울주택도시공사)에 의해 건설된 강서구 마곡동 일대의 대형 아파트 단지 그룹이다. 1~12단지, 14~15단지로 구성돼 있으며 총 148개 동, 11,821세대로 초대형 규모다. 13단지는 2017년에 민간 건설사가 시공했다. 10-2단지와 16단지는 2026년에 입주된다.

마곡엠밸리는 규모가 매우 크기 때문에 단지에 따라 가까운 역이 다르다. 9호선 신방화역, 5호선 마곡역, 공항철도 마곡나루역 등이 근처에 있다. 이와 더불어 어린이집, 유치원, 초등학교, 중학교 등도

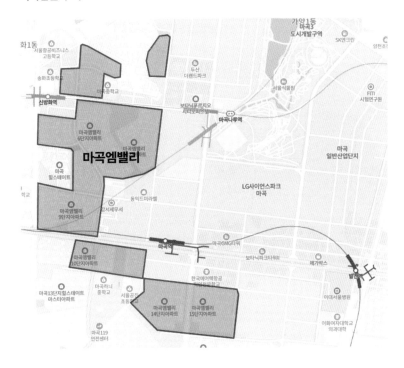

많이 조성되어 있으며, 양천구 목동 학원가가 멀지 않아 학원 셔틀
버스 등으로 통학이 가능하다.

　마곡엠밸리 인근에는 MBD(Magok Building District)라고 불리는
마곡업무지구가 있다. 이곳에는 LG전자, LG화학 등 LG계열사 연구
인력이 수만 명 상주한다. 또한 코오롱, 넥센, 롯데 R&D 중앙연구
소, 오스템 등의 대기업 본사와 연구소 등도 입주해 있다. 여의도의
YBD(Yeouido Business District)와도 가까운데, 마곡나루역에서 여의

마곡엠밸리   출처_네이버지도 거리뷰

도역까지 9호선 지하철로 15분이면 이동할 수 있다. 직주근접 측면
에서 유리한 단지라고 할 수 있다.

　마곡엠밸리 33평형대는 2,379호에 이른다. N파고 달성에 근접하
며 2024년 2분기 최고가가 2022년 2분기 최고가에는 이르지 못해
W파고를 완성하지 못한 모습이다.

[폭등기: 2022년 1분기~2분기]

2022년 1분기: 15억 600만 원

→ 최고가: 16억 5,000만 원, 거래량: 3건

2022년 2분기: 16억 5,000만 원(+9.6%)

→ 최고가: 16억 5,000만 원, 거래량: 1건

강서구 마곡엠밸리 33평형대 가격 추이(2020~2024년)

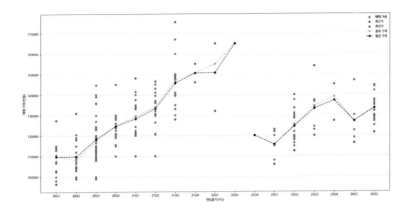

[급락기: 2022년 3분기~2023년 1분기]

2022년 3분기: 거래량 0건

2022년 4분기: 12억 원(-27.3%)

→ 최고가: 12억 원, 거래량: 1건

2023년 1분기: 11억 5,600만 원(-3.7%)

→ 최고가: 12억 3,000만 원, 거래량: 7건

 분기 평균 거래가격 기준으로, 마곡엠밸리 최고가는 2022년 2분기의 16억 5,000만 원이다. 그러나 2022년 하반기부터 시장이 침체됐다. 2023년 1분기에는 직전 최고점에 비해 약 30% 하락했다. 마곡엠밸리 33평형은 2021년 4분기부터 평균가격 15억 원을 넘었으나 2022년 4분기에는 12억 원으로 급락했다. 2020년 3분기의 평균가격인 11억 8,100만 원과 비슷한 수준이다.

[상승기: 2023년 2분기~4분기]

2023년 2분기: 12억 4,500만 원(+7.7%)

→ 최고가: 13억 9,900만 원, 거래량: 19건

2023년 3분기: 13억 3,100만 원(+6.9%)

→ 최고가: 15억 4,000만 원, 거래량: 9건

2023년 4분기: 13억 7,100만 원(+3%)

→ 최고가: 14억 5,000만 원, 거래량: 3건

2023년 2분기에는 상승기가 시작됐다. 거래량이 분기 평균 10건 이상을 기록하면서 이전 가격 하락기 평균인 2~3건에 비해 3배 이상 증가했다. 가격도 2021년 2분기의 평균가격 13억 3,100만 원을 상회했다. 이 시기가 N파고의 첫 번째 상승 파고다.

[하락기: 2024년 1분기]

2024년 1분기: 12억 7,000만 원(-7.4%)

→ 최고가: 14억 7,000만 원, 거래량: 7건

2024년 1분기는 아주 짧은 하락기였다. 가격은 직전 분기 대비 7% 정도 하락했다. 적은 폭은 아니지만, 분기마다 10%씩 가격이 하락해 3개 분기 만에 약 30% 폭락했던 2022년과는 성격이 다르다.

2024년 1분기는 N파고의 첫 번째 하락 파고에 해당한다.

[상승기: 2024년 2분기]

2024년 2분기: 13억 3,300만 원(+5%)

→ 최고가: 14억 4,500만 원, 거래량: 23건

마곡엠밸리 33평형도 2024년 2분기에 들어서면서 분위기가 상승으로 향했다. 거래량도 23건을 기록하고 평균가격은 직전 고점(2023년 4분기, 13억 7,100만 원)에 가까워지고 있는 상황이다. 따라서 마곡엠밸리 33평은 N파고에 도달할 것이 예상된다고 볼 수 있다.

⑤송파구 '엘리트'

송파구 잠실동의 '엘리트(엘스, 리센츠, 트리지움)'는 2006~2007년 재건축 후 준공된 아파트 단지들이다. 잠실역을 끼고 위치하고 있으며 평형대 구성도 비슷하다. 세 단지를 더하면 대략 1만 5,000세대에 육박하며, 특이하게도 이 중 33평형대가 1만 세대에 이른다. 매우 동질적인 유형의 단지에 동일한 평형대가 대규모로 존재하는 만큼, 서울시 아파트 가격 현황을 가장 잘 대변하는 단지라 생각할 수 있다.

엘리트 33평형대는 무려 10,034호에 이른다. 잠실 엘리트 33평형은 평균가격 기준으로 N파고를 돌파했고, W파고 역시 돌파할 가능

송파구 '엘리트' 지도

출처_네이버지도

잠실동 '엘리트' 아파트 비교

	엘스	리센츠	트리지움
주소	잠실동	잠실동	잠실동
세대수	5,678세대	5,563세대	3,696세대
평형대 (세대수)	25평형(1,150세대) 33평형(4,042세대) 45평형(486세대)	12평형(868세대) 24평형(245세대) 33평형(3,590세대) 38평형(130세대) 48평형(730세대)	25평형(740세대) 33평형(2,402세대) 43평형(330세대) 54평형(224세대)
준공연도	2008년 9월	2008년 7월	2007년 8월
교육환경	서울잠일초등학교 신천중학교 잠일고등학교	서울잠신초등학교 잠신중학교 잠신고등학교	서울버들초등학교 영동일고등학교
교통환경	잠실새내역(2호선) 종합운동장역(9호선)	잠실새내역(2호선)	잠실새내역(2호선) 삼전역(9호선)

성이 높다. 2024년 2분기 최고가는 이미 2021년 평균가격을 넘어선 상황이다. 다만 당시 최고가 27억 원에는 약간 못 미친다. 참고로 25평형은 W파고를 이미 달성했다.

[폭등기: 2021년 3분기~4분기]

2021년 3분기: 24억 300만 원

→ 최고가: 25억 8,000만 원, 거래량: 26건

2021년 4분기: 25억 6,100만 원(+6.6%)

→ 최고가: 27억 원, 거래량: 14건

폭등기 당시 거래량은 14~26건에 이르며 역대 최고가 27억 원을 기록했다. 같은 기간 25평형이 거래량이 없었던 것과 대조적이다.

[급락기: 2022년 1분기~4분기]

2022년 1분기: 24억 5,200만 원(-4.3%)

→ 최고가: 26억 7,000만 원, 거래량: 5건

2022년 2분기: 23억 4,900만 원(-4.2%)

→ 최고가: 26억 5,000만 원, 거래량: 12건

2022년 3분기: 21억 7,600만 원(-7.4%)

→ 최고가: 23억 4,000만 원, 거래량: 13건

2022년 4분기: 19억 7,900만 원(-9.1%)

→ 최고가: 21억 3,000만 원, 거래량: 35건

트리지움

송파구 '엘리트' 33평형대 가격 추이(2020~2024년)

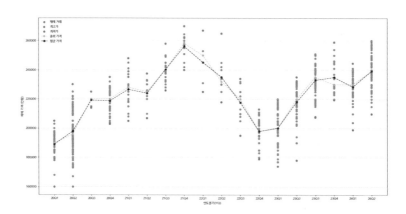

2022년 1분기가 되면서 시장은 급락하기 시작했다. 2022년 4분기에 평균가격 20억 원 선이 무너지며 19억 7,900만 원에 이르렀고, 당시 최저가는 17억 9,000만 원까지 하락했다. 평균가격의 하락률은 약 23%에 이른다. 25평형(-21%)보다 타격이 큰 상황이었다.

[상승기: 2023년 1분기~4분기]

2023년 1분기: 20억 200만 원(+1.2%)

→ 최고가: 22억 원, 거래량: 62건

2023년 2분기: 21억 8,000만 원(+8.9%)

→ 최고가: 23억 5,000만 원, 거래량: 68건

2023년 3분기: 23억 2,900만 원(+6.8%)

→ 최고가: 25억 1,000만 원, 거래량: 64건

2023년 4분기: 23억 4,900만 원(+0.9%)

→ 최고가: 25억 9,000만 원, 거래량: 27건

2023년은 2022년과는 또 다른 상황이 펼쳐졌다. 가격이 상승 반전하면서 빠르게 올라갔다. 2023년 4분기는 평균가격이 23억 4,900만 원에 이르렀다. 직전 저점 대비 누적 상승률은 무려 19%다. 다만 아직 2021년 4분기 가격에 도달한 상황은 아니다. 그럼에도 매분기 거래량이 62건, 68건, 64건, 27건에 이르는 등 시장의 분위기가 완전히 바뀌었다. 이 시기는 N파고의 첫 번째 상승 파고에 해당한다.

[하락기: 2024년 1분기]

2024년 1분기: 22억 8,300만 원(-2.8%)

→ 최고가: 24억 4,500만 원, 거래량: 55건

2024년 1분기는 가격이 하락했다. 평균과 최고가 기준으로 모두 직전 분기보다 가격이 내려간 상황이었다. 그럼에도 거래량은 55건으로 양호한 수준을 보여줬다. 이 시기는 N파고의 하락 파고에 해당한다.

[상승기: 2024년 2분기]

2024년 2분기: 23억 9,100만 원(+4.7%)

→ 최고가: 26억 원, 거래량: 69건

2분기에 들어서는 가격이 재상승하기 시작했다. 평균가격이 직전 분기보다 1억 원 이상 상승했다. N파고의 두 번째 상승 파고다. 이때의 가격은 N파고의 첫 번째 상승 고점(23억 4,900만 원)을 돌파했으며 이는 최고가(25억 9,000만 원) 기준으로도 마찬가지다. 다만 W파고는 평균가격 기준으로 아직 역대 최고점을 돌파했다고 보기 힘드나, 그럴 가능성이 매우 높다. 2024년 2분기 최고가 26억 원은 이미 2021년 가장 높았던 분기 평균가격(25억 6,100만 원)을 넘어섰다. 당시 최고가 27억 원에 1억 원 못 미친다. W파고 달성 역시 시간문제일 것이다.

⑥성동구 왕십리뉴타운

왕십리뉴타운은 성동구 상왕십리동, 하왕십리동 일대에서 추진한 뉴타운 재개발 사업으로 탄생했다. 은평뉴타운, 길음뉴타운과 함께 서울특별시 뉴타운 사업 시범지구였는데, 사업 시행자는 SH이다. 2014년 6월의 텐즈힐 2단지를 시작으로 2015년 4월에는 텐즈힐 1단지, 2016년 11월에는 센트라스의 입주가 시작되었다. 세대수는 텐즈힐1이 1,702세대, 텐즈힐2가 1,148세대, 센트라스가 2,529세대로 모두 중대형 단지들이며 총 5,379세대다. 33평형대가 2,518세

왕십리뉴타운 지도   출처_네이버지도

대로 전체 세대의 절반가량을 차지한다.

왕십리뉴타운 33평형대는 평균가격 기준으로 N파고를 돌파했다.
역대 최고가가 나왔던 2022년 2분기의 평균가격에는 도달하지 못
해 W파고는 달성하지 못했다. 하지만 W파고 도달 역시 시간문제로
보인다.

[폭등기: 2022년 2분기]
2022년 2분기: 18억 3,500만 원
→ 최고가: 19억 2,000만 원, 거래량: 2건

성동구 왕십리뉴타운 33평형대 가격 추이(2020~2024년)

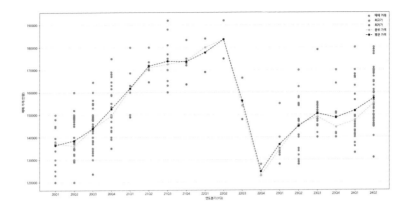

[급락기: 2022년 3분기~4분기]

2022년 3분기: 15억 6,100만 원(-14.9%)

→ 최고가: 16억 6,500만 원, 거래량: 3건

2022년 4분기: 12억 4,600만 원(-20.2%)

→ 최고가: 12억 8,000만 원, 거래량: 3건

왕십리뉴타운 33평형은 2022년 2분기에 최고가를 기록했다. 당시 25평형도 최고가가 나왔다. 2022년 3분기가 되면서 시장이 하락하기 시작했는데, 4분기에는 최고 13억 원 선이 무너졌고 최저가도 12억 3,000만 원까지 내려갔다. 평균가격 기준으로 하락률은 무려 32%다. 25평형(-27%)보다 더 큰 타격이 있었다.

[상승기: 2023년 1분기~3분기]

2023년 1분기: 13억 6,700만 원(+9.7%)

→ 최고가: 15억 5,000만 원, 거래량: 8건

2023년 2분기: 14억 4,800만 원(+5.9%)

→ 최고가: 17억 원, 거래량: 21건

2023년 3분기: 15억 400만 원(+3.9%)

→ 최고가: 17억 9,000만 원, 거래량: 17건

2023년은 가격이 반전하며 빠르게 상승했다. 3분기 평균가격(15억 400만 원)은 2022년 저가 대비 누적 21% 상승했다. 크게 상승했지만 2022년 2분기 가격에 도달할 정도는 아니었다. 그럼에도 매 분기 거래량이 모두 8건 이상으로 올라오면서 시장의 분위기가 완전히 바뀌었다. 이는 N파고의 첫 번째 상승 파고다.

[하락기: 2023년 4분기]

2023년 4분기: 14억 8,500만 원(-1.3%)

→ 최고가: 17억 원, 거래량: 11건

2023년 4분기는 가격이 하락했다. 25평형이 동기간 4% 정도 가격 상승을 보였던 것과 차이가 있다. 평균가격, 최고가와 최저가 모두 직전 분기보다 가격이 소폭 하락한 상황이었다. 거래량은 11건으로 양호한 수준을 보여줬다. N파고의 하락 파고에 해당하는 시기다.

[상승기: 2024년 1분기~2분기]

2024년 1분기: 15억 1,600만 원(+2.1%)

→ 최고가: 18억 원, 거래량: 28건

2024년 2분기: 15억 6,000만 원(+2.9%)

→ 최고가: 17억 9,000만 원, 거래량: 41건

왕십리뉴타운은 직전 하락기 대비 5% 수준인 7,500만 원 상승했다. N파고의 두 번째 상승 파고에 해당한다. 이때의 가격은 N파고의 첫 번째 상승 고점(15억 400만 원)은 돌파했으나 최고가 기준으로는 동일하다. 평균가격, 최고가 기준 모두 아직 W파고에 도달했다고 보기는 힘들다. 이번 상승기 최고가는 18억 원으로 2022년 2분기 평균가(18억 3,500만 원)에 못 미치며, 당시 최고가 19억 2,000만 원에 비해 1억 2,000만 원이 부족한 상황이기 때문이다. 하지만 추이상 왕십리뉴타운도 향후 W파고 달성을 기대해볼 수 있다.

⑦중구 남산타운

강북 최대 규모의 아파트 단지인 남산타운은 '서울형 리모델링' 시범 단지로 선정되어 사업을 추진했지만 임대 주택을 소유한 서울시의 동의를 받아내지 못하면서 무산되었다. 남산타운은 42개동 5,150세대로 이루어져 있으며 임대 주택은 7개 동(2,034세대)으로 전체 세대의 39%를 차지한다. 서울시의 동의를 얻지 못한 이상 남산 타운은 동별 리모델링을 추진하는 방법이 있을 수 있다.

남산타운 33평형대는 1,298호에 이른다. 2024년 2분기 평균가격을 기준으로 N파고의 달성 가능성이 있다고 판단된다. 역대 최고가인 2021년 4분기 가격의 달성 여부는 추이를 더 지켜봐야 할 것이다.

[폭등기: 2021년 3분기~4분기]

2021년 3분기: 14억 2,700만 원

→ 최고가: 15억 5,800만 원, 거래량: 7건

2021년 4분기: 14억 9,500만 원(+4.8%)

→ 최고가: 15억 3,000만 원, 거래량: 2건

2021년에는 15억 원을 돌파하는 최고가 거래들이 이뤄지면서, 2021년 4분기 평균 거래가가 14억 9,500만 원까지 상승했다. 당시 상승기 최고가는 15억 5,800만 원으로 역대 최고가를 달성했다. 그러나 곧 거래량이 2건 수준으로 빠르게 축소되며 분위기가 바뀌었다.

[급락기: 2022년 1분기~2023년 1분기]

2022년 1분기: 14억 8,000만 원(-1%)

→ 최고가: 15억 6,000만 원, 거래량: 2건

2022년 2분기: 13억 5,600만 원(-8.4%)

→ 최고가: 15억 9,000만 원, 거래량: 5건

남산타운 지도

출처_네이버지도

2022년 3분기: 14억 1,000만 원(+4%)

→ 최고가: 15억 9,000만 원, 거래량: 2건

2022년 4분기: 거래량 0건

2023년 1분기: 11억 8,700만 원(-15.8%)

→ 최고가 12억 원, 거래량: 2건

　남산타운 33평형은 2022년 1분기부터 매매가격 하락세를 보이기 시작했다. 2022년 2분기에는 최고가가 15억 9,000만 원, 최저가가 11억 원으로 가격 편차가 크게 벌어졌다. 급락기 거래량은 분기별 0~5건 정도인데, 당시의 얼어붙은 시장 상황을 보여준다. 매매가격 하락은 거래가 전무했던 2022년 4분기를 지난 뒤인 2023년 1분기에 가장 크게 나타났다.

　2023년 1분기 평균 거래가는 11억 8,700만 원으로 전 고점 대비 약 21% 하락했다. 가격이 크게 낮아졌지만 남산타운 25평형(-26%)보다는 적은 하락 폭을 보였다.

중구 남산타운 33평형대 가격 추이(2020~2024년)

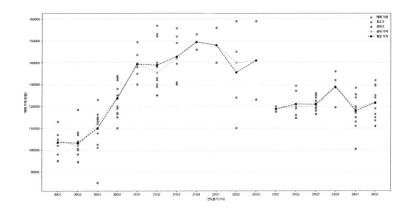

[상승기: 2023년 2분기~4분기]

2023년 2분기: 12억 1,000만 원(+1.9%)

→ 최고가: 12억 9,500만 원, 거래량: 7건

2023년 3분기: 12억 900만 원(-0.1%)

→ 최고가: 12억 6,000만 원, 거래량: 12건

2023년 4분기: 12억 9,000만 원(+6.7%)

→ 최고가: 13억 6,000만 원, 거래량: 5건

2023년 2분기부터는 평균 거래가가 다시금 12억 원 선에 들어서면서 3개 분기 연속 상승세가 이어졌다. 동일 기간 거래량 또한 5~12건으로 증가해 시장의 활력이 살아났다. 그 결과 2023년 4분기 최고가는 13억 6,000만 원에 달했으나, 최저가는 11억 9,500만 원 수준으로 여전히 큰 가격 편차를 보였다. 본 상승기 평균가격은 지난 급락기 대비 8% 상승했는데 이전 최고점(14억 9,500만 원) 수준에는 이르지 못했다. 이 시기는 N파고의 첫 번째 상승 파고에 해당한다.

[하락기: 2024년 1분기]

2024년 1분기: 11억 7,900만 원(-8.6%)

→ 최고가: 12억 8,500만 원, 거래량: 13건

2024년 1분기에는 아주 짧은 하락기가 있었다. 하락률은 직전 분기 대비 8.6%로, 이는 이전 급락기 가격 수준으로 돌아온 것이다. 이 하락기 역시 2022년 하락기와는 다르게 분기 거래량이 13건에 이른다. 근 4년 중 가장 높은 분기 거래량 수준이다. 2024년 1분기는 N파고의 첫 번째 하락 파고에 해당한다.

[상승기: 2024년 2분기]

2024년 2분기: 12억 1,500만 원(+3.1%)

→ 최고가: 13억 2,000만 원, 거래량: 11건

2분기에 들어서면서 분위기는 다시 상승세로 전환되었다. 직전 분기 대비 3% 이상 상승했으며, 거래량도 8건으로 양호한 수준이다. 2024년 2분기 평균 거래가(12억 1,500만 원)는 역대 최고점(2021년 4분기, 14억 9,500만 원)은 물론 직전 고점(2023년 4분기, 12억 9,000만 원) 수준으로도 회복하지 못했다. 다만 최고가가 13억 원 선을 다시금 돌파했다. W파고 도달 가능 여부는 추후 거래 추이를 지켜봐야 할 것으로 판단된다.

⑧마포구 마포래미안푸르지오

마포래미안푸르지오, 일명 '마래푸'는 마포구 아현동에 위치해 있다. 2014년 9월에 준공되었으며 공공임대주택 661세대를 포함해 3,885세대가 거주하는 대규모 단지이다. 5호선 애오개역, 2호선 아현역이 도보 거리에 위치해 있으며 5, 6호선의 공덕역, 6호선 대흥역 그리고 공항철도와 경의중앙선까지 근처에 있어 서북권 최고의 교통요충지에 해당한다. 또한 CBD인 광화문역까지 직선거리 3km로 지하철, 버스 등으로 20분이 채 걸리지 않는 직주근접지다.

단지 내에 한서초등학교가 있는 초품아이며, 도보권에 아현초등학교, 서울여자중학교, 동도중학교, 자사고인 숭문고등학교, 한성고등학교 등이 있다.

33평형대는 1,458호에 이른다. 마포래미안푸르지오 33평형은 평균가격을 기준으로 전 고점인 2023년 3분기 가격을 돌파하지 못했으나, 최고가의 흐름을 보면 N파고 달성이 가능할 것으로 예측된다.

W파고의 조건인 2021년의 역대 최고점에는 이르지 못한 상황이다.

[폭등기: 2021년 3분기~4분기]

2021년 3분기: 18억 8,100만 원

→ 최고가: 19억 4,500만 원, 거래량: 10건

2021년 4분기: 18억 8,600만 원(+0.3%)

→ 최고가: 19억 4,000만 원, 거래량: 5건

마포구 마포래미안푸르지오 33평형대 가격 추이(2020~2024년)

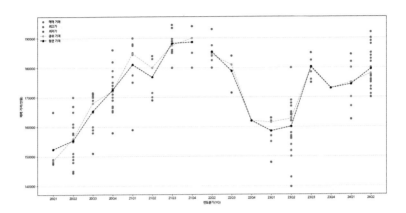

2021년 3분기에는 역대 최고가인 19억 4,500만 원 거래가 나왔다. 이는 직전 분기 대비 6% 상승한 수준이다. 이후 4분기에 19억 4,000만 원의 최고가 거래가 이어지면서 평균가격도 소폭 상승했다.

[급락기: 2022년 1분기~2023년 1분기]

2022년 1분기: 거래량: 0건

2022년 2분기: 18억 5,300만 원(-1.7%)

→ 최고가: 19억 3,000만 원, 거래량: 6건

2022년 3분기: 17억 8,800만 원(-3.5%)

→ 최고가: 18억 4,000만 원, 거래량: 3건

2022년 4분기: 16억 2,000만 원(-9.4%)

→ 최고가: 16억 2,000만 원, 거래량: 1건

2023년 1분기: 15억 8,500만 원(-2.2%)

→ 최고가: 16억 3,000만 원, 거래량: 7건

　2022년 1분기에 들어서며 시장 분위기가 돌연 차갑게 식기 시작했다. 거래량이 전무한 1분기를 지나고, 2분기부터는 평균 거래가가 계속해서 하락했다. 2023년 1분기에는 직전 최고점인 2021년 4분기 평균가격 대비 16% 하락하게 되면서 가격이 15억 원대까지 내려갔다.

[상승기: 2023년 2분기~3분기]

2023년 2분기: 16억 원(+0.9%)

→ 최고가: 18억 원, 거래량: 23건

2023년 3분기: 18억 200만 원(+12.6%)

→ 최고가: 18억 5,000만 원, 거래량: 9건

2023년 2분기부터는 가격이 소폭 상승하기 시작해 3분기에 평균 거래가격 18억 원 선을 재탈환했다. 전 저점 대비 14% 가까이 상승한 것이다. 이때가 N파고의 첫 번째 상승 파고다.

[하락기: 2023년 4분기]

2023년 4분기: 17억 3,000만 원(-4%)

→ 최고가: 17억 3,000만 원, 거래량: 1건

2023년 4분기에는 거래량이 1건으로 크게 줄면서 거래가가 다시 17억 원 대로 내려가고 짧은 하락기를 맞았다. 이 또한 시장금리 상승에 따른 일시적 여파로 보인다. 이 시기는 N파고의 첫 번째 하락 파고에 해당한다.

[상승기: 2024년 1분기~2024년 2분기]

2024년 1분기: 17억 4,300만 원(+0.8%)

→ 최고가: 18억 4,500만 원, 거래량: 6건

2024년 2분기: 17억 9,400만 원(+2.9%)

→ 최고가: 19억 2,000만 원, 거래량: 37건

2024년에는 거래량이 6~37건으로 증가하면서 다시금 상승세로 접어들었다. 평균 거래가는 17억 9,400만 원 수준으로, 직전 고점 (2023년 3분기, 18억 200만 원)보다는 소폭 낮은 수준이다. 하지만 거래량 또한 함께 증가한 것을 고려하면, 직전 고점을 돌파할 가능성이 있어 보인다. 평균가격 기준으로 2021년의 고점 18억 8,600만 원에는 아직 도달하지 못했으나 19억 2,000만 원 수준의 최고가 거래가 이어지고 있어 W파고 역시 도달 가능성이 있다고 판단된다.

⑨서대문구 DMC파크뷰자이

DMC파크뷰자이는 2009년에 시작된 가재울뉴타운 재개발 사업의 일환으로 2010년 11월에 착공하여 2015년 10월에 입주가 시작된 아파트다. 이름에서부터 드러나듯 현대산업개발의 아이파크, SK건설의 SK뷰, GS건설의 자이가 합쳐진 브랜드다. 총 61개 동, 4,300세대가 거주하는 대단지이고 33평형대가 2,522세대로 전체 세대의 절반 이상을 차지한다.

다른 뉴타운 지역과 달리 대부분 평지 또는 완만한 경사지로 이루어져 주거 환경이 우수하고 단지 내 녹지공간 또한 넓어 쾌적하다.

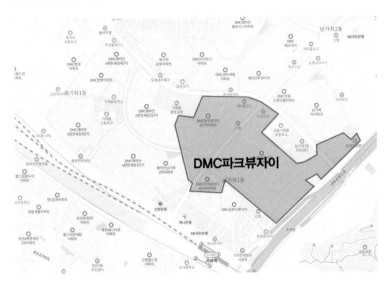

기반시설까지 체계적으로 정비돼 신도시 느낌을 주고 있어 대표적으로 성공한 뉴타운으로 평가받고 있다. 또한 업무지구와의 접근성이 좋은데, 상암DMC가 지하철로 2분 거리에 있으며 여의도까지 17분, 공덕 8분, 광화문 19분대로 서울 서북권의 주요 지역까지 20분 내로 이동이 가능해 비교적 양호한 입지 여건을 갖췄다.

DMC파크뷰자이 33평형대는 2,522호에 이른다. 분석 결과를 요약하면 DMC파크뷰자이 33평형은 평균가격 기준으로 N파고를 돌파했으나 W파고는 돌파하지 못했다.

DMC파크뷰자이   출처_네이버지도 거리뷰

[폭등기: 2021년 3분기]

2021년 3분기: 14억 3,800만 원

→ 최고가: 15억 4,000만 원, 거래량: 14건

DMC파크뷰자이 33평형은 2021년 3분기에 최고 가격을 기록했
다. 거래량 역시 직전 거래량 8건에 비해 증가한 14건으로 상당한
수준이었다.

서대문구 DMC파크뷰자이 33평형대 가격 추이(2020~2024년)

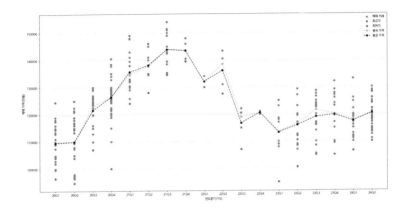

[급락기: 2021년 4분기~2023년 1분기]

2021년 4분기: 14억 3,500만 원(-0.2%)

→ 최고가: 14억 8,000만 원, 거래량: 5건

2022년 1분기: 13억 2,000만 원(-8%)

→ 최고가: 13억 4,000만 원, 거래량: 2건

2022년 2분기: 13억 6,100만 원(+3.1%)

→ 최고가: 14억 3,300만 원, 거래량: 5건

2022년 3분기: 11억 6,700만 원(-14.3%)

→ 최고가: 12억 2,000만 원, 거래량: 5건

2022년 4분기: 12억 500만 원(+3.3%)

→ 최고가: 12억 1,000만 원, 거래량: 2건

2023년 1분기: 11억 3,200만 원(-6.1%)

→ 최고가: 12억 5,000만 원, 거래량: 10건

2021년 4분기부터 하락세가 시작됐다. 2022년 3분기에 하락 폭이 특히 컸는데, 이때 최고가가 12억 2,000만 원까지 내려가고 최저가는 10억 7,000만 원까지 하락했다. 평균가격 기준으로 당시 하락기의 누적 하락률은 21%에 이른다. DMC파크뷰자이 25평형(-27%)과 비교하면 하락 폭이 작다.

[상승기: 2023년 2분기~4분기]

2023년 2분기: 11억 5,900만 원(+2.4%)

→ 최고가: 12억 9,100만 원, 거래량: 16건

2023년 3분기: 11억 8,900만 원(+2.6%)

→ 최고가: 12억 8,500만 원, 거래량: 21건

2023년 4분기: 11억 9,600만 원(+0.6%)

→ 최고가: 13억 2,000만 원, 거래량: 16건

이어지는 2023년은 가격이 상승 반전했다. 매 분기 거래량이 모두 16건이 넘으면서 시장의 분위기가 완전히 바뀌었다. 2023년 4분기는 평균가격이 11억 9,600만 원에 이르렀는데, 하락기와 비교하면 누적 상승률이 6% 가까이 되는 것이다. N파고의 첫 번째 상승 파고에 해당한다. 하지만 이 역시도 2021년 3분기 가격에 이른 수준은 아니다.

[하락기: 2024년 1분기]

2024년 1분기: 11억 7,700만 원(-1.6%)

→ 최고가: 13억 3,000만 원, 거래량: 19건

2024년 1분기는 가격이 하락했다. 그러나 평균가격과 달리 최고가와 최저가는 모두 직전 분기보다 소폭 가격이 상승했다. 거래량은 19건으로 양호한 수준을 보여줬다. N파고의 하락 파고에 해당한다.

[상승기: 2024년 2분기]

2024년 2분기: 11억 9,700만 원(+1.7%)

→ 최고가: 13억 원, 거래량: 47건

2024년 2분기에는 33평형의 가격이 재상승하기 시작했다. 이는 N파고의 두 번째 상승 파고에 해당한다. 평균가격이 직전 고점인 11억 9,600만 원을 넘어섰기 때문이다. 그러나 최고가 기준으로 보면 아직 전 고점에 미치지 못한다. 또한 평균가격으로나 최고가로나 모두 W파고에 도달했다고 보기는 힘들다. 2024년 2분기 최고가는 13억 원인데, 2021년 최고가(15억 4,000만 원)가 나왔던 때와 비교하면 가격이 2억 4,000만 원 부족하다. 따라서 W파고 달성은 조금 시간이 필요할 것으로 보인다.

⑩관악구 관악드림타운

　관악드림타운은 2003년 9월에 입주를 시작한 5,387세대의 대규모 단지다. 이 중 3,544세대(66%)가 일반 분양 아파트고 1,843세대(33%)가 임대 아파트다. 봉천고개 가장 꼭대기에 위치해 있어 인근 아파트에 비해 지대가 높다.

　단지가 큰 만큼 주변에 학교도 존재하는데, 인근에 구암초등학교,

관악드림타운 지도　　　　　　　　　　　　　　　　출처_네이버지도

구암중학교, 구암고등학교가 있으며 주변 상가에는 학원도 수십 개가 들어서 있다. 교통편은 단지 북쪽 동이 7호선 숭실대입구역과 남쪽 동이 2호선 서울대입구역과 가깝다.

관악드림타운 33평형은 1,468호가 있다. 2024년 2분기 평균가를 기준으로 거래가격이 10억 원 미만이다. 2021년 최고가(11억 4,000만 원)를 돌파할 수 있을지 여부는 향후 추이를 더 지켜봐야 한다.

[폭등기: 2021년 1분기~4분기]

2021년 1분기: 10억 3,200만 원

→ 최고가: 11억 원, 거래량: 9건

2021년 2분기: 10억 5,300만 원(+2%)

→ 최고가: 11억 2,000만 원, 거래량: 5건

2021년 3분기: 11억 1,100만 원(+5.5%)

→ 최고가: 11억 5,500만 원, 거래량: 7건

2021년 4분기: 11억 4,000만 원(+2.6%)

→ 최고가: 11억 4,000만 원, 거래량: 1건

관악드림타운 33평형은 2020년 1분기부터 2021년 4분기까지 매매가격 상승세가 유지되었다. 33평형의 경우 2021년 1분기에 처음으로 11억 원대 최고가 거래가 이루어지기 시작했다. 2021년 3분기에는 역대 최고가 11억 5,500만 원을 기록했고, 평균가격도 11억 원

을 돌파했다. 2021년 4분기에는 11억 4,000만 원에 1건이 거래되면서 2021년 하반기 동안 11억 원 선의 평균가격이 유지되었다.

[급락기: 2022년 1분기~4분기]

2022년 1분기: 10억 7,500만 원(-5.7%)

→ 최고가: 10억 7,500만 원, 거래량: 1건

2022년 2분기: 10억 4,000만 원(-3.3%)

→ 최고가: 10억 5,000만 원, 거래량: 2건

2022년 3분기: 거래량 0건

2022년 4분기: 7억 9,800만 원(-23.3%)

관악구 관악드림타운 33평형대 가격 추이(2020~2024년)

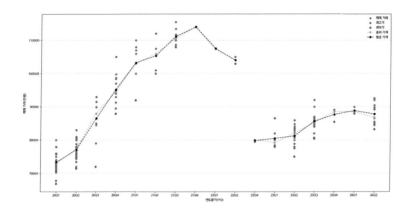

→ 최고가: 8억 원, 거래량: 3건

　　2022년 1분기부터는 매매거래액이 하향 전환되기 시작했다. 2022년 상반기부터 거래량이 급감하면서, 하반기에는 이전 폭등기 대비 평균 거래가격이 30%나 하락했다. 25평형(-26%)보다 더 큰 하락 폭을 보였다.

[상승기: 2023년 1분기~2024년 1분기]

　2023년 1분기: 8억 400만 원(+0.8%)

　→ 최고가: 8억 6,500만 원, 거래량: 6건

　2023년 2분기: 8억 1,200만 원(+1%)

　→ 최고가: 8억 5,900만 원, 거래량: 15건

2023년 3분기: 8억 5,600만 원(+5.4%)

→ 최고가: 9억 2,000만 원, 거래량: 14건

2023년 4분기: 8억 7,600만 원(+2.3%)

→ 최고가: 8억 9,000만 원, 거래량: 3건

2024년 1분기: 8억 8,800만 원(+1.4%)

→ 최고가: 8억 9,900만 원, 거래량: 3건

2023년 1분기부터는 평균 거래가격이 8억 원대 수준에 거래량도 증가하기 시작하면서 가격이 상승했다. 그러나 가격 상승세가 5개 분기 연속 지속되었음에도 평균가격 상승 폭은 직전 저점(2022년 4분기, 7억 9,800만 원) 대비 11%에 그쳤다.

[정체기: 2024년 2분기]

2024년 2분기: 8억 7,700만 원(-1.2%)

→ 최고가: 9억 2,500만 원, 거래량: 11건

2024년 2분기 평균 거래가격은 8억 7,700만 원으로 직전 분기 대비 소폭 하락했다. 그러나 최고가는 9억 2,500만 원으로 오히려 상승했다. 따라서 이 시기는 추후 상승기에 포함될 가능성이 높다고 판단된다. 또한 역대 최고점인 2021년 4분기 가격의 달성 여부는 그 추이를 더 지켜봐야 할 것이다.

⑪ 서초구 반포자이

　서초구의 반포자이는 반포를 상징하는 아파트 단지로 각계 유명 인사들이 많이 거주해 화제가 되기도 했었다. 반포주공3단지를 재건축한 이곳은 총 3,410세대로 이루어진 대단지다. 30평형대 이상의 호수가 89%를 차지한다는 특징이 있다.

　고급화된 시설과 뛰어난 내부 조경 및 커뮤니티 시설을 자랑하며 단지 내에 헬스장뿐만 아니라 수영장, 사우나, 스크린 골프장, 마트 등도 갖추고 있다. 이곳은 교통 환경도 매우 우수하다. 7호선 반포역, 9호선 사평역 그리고 지하상가로 연결된 3호선 고속터미널역이 있으며 서울고속버스터미널과 센트럴시티가 가까운 거리에 있다.

반포자이 지도　　　　　　　　　　　　　　　　　　출처_네이버지도

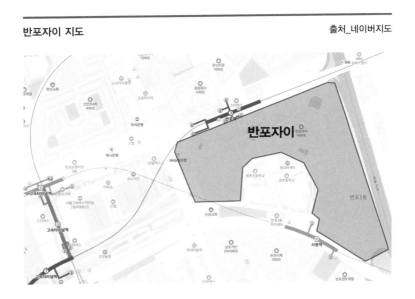

[폭등기: 2022년 2분기]

2022년 2분기: 37억 2,300만 원

→ 최고가: 39억 원, 거래량: 3건

[급락기: 2022년 3분기~2023년 1분기]

2022년 3분기: 거래량: 0건

2022년 4분기: 34억 8,000만 원(-6.5%)

→ 최고가: 34억 8,000만 원, 거래량: 1건

2023년 1분기: 29억 8,100만 원(-14.3%)

→ 최고가: 31억 5,000만 원, 거래량: 6건

서초구 반포자이 33평형대 가격 추이(2020~2024년)

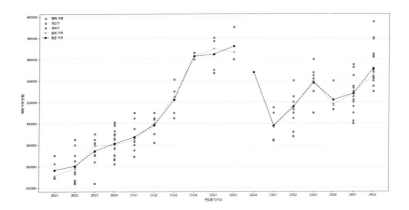

　　33평형은 2022년 2분기에 최고가를 기록했고, 이후 2022년 3분기가 되면서 급락기를 겪었다. 2023년 1분기에 평균가격 30억 원 선이 무너지며 29억 8,100만 원에 이르렀는데, 당시 최저가는 28억 4,000만 원이었다. 분기 평균가격의 하락률은 전 고점 대비 20%다. 25평형(-18%)보다 더 크게 하락했다.

[상승기: 2023년 2분기~3분기]

2023년 2분기: 31억 6,000만 원(+6%)

→ 최고가: 34억 원, 거래량: 13건

2023년 3분기: 33억 8,000만 원(+7%)

→ 최고가: 36억 원, 거래량: 9건

2023년은 2022년과는 또 다른 상황이 펼쳐졌다. 가격이 반전하면서 빠르게 상승하기 시작했다. 2023년 3분기는 평균가격이 33억 8,000만 원에 이르렀다. 직전 하락기 대비 누적 상승률은 13%다. 거래량 역시 2, 3분기 평균 11건으로 시장의 분위기가 완전히 바뀌었음이 드러난다. 이는 N파고의 첫 번째 상승 파고에 해당한다.

[하락기: 2023년 4분기]

2023년 4분기: 32억 2,000만 원(-4.7%)

→ 최고가: 34억 원, 거래량: 4건

2023년 4분기에 반포자이 33평형은 가격이 하락했다. 직전 분기 대비 가격은 4.7% 정도 떨어진 수준이다. 최고가는 직전 분기보다 소폭 하락했으나, 최저가는 3,000만 원 상승했다. N파고의 하락 파고에 해당하는 시기다.

[상승기: 2024년 1분기~2분기]

2024년 1분기: 32억 7,900만 원(+1.8%)

→ 최고가: 35억 5,000만 원, 거래량: 15건

2024년 2분기: 35억 1,200만 원(+7.1%)

→ 최고가: 39억 5,000만 원, 거래량: 21건

반포자이 33평은 2024년 1분기부터 가격이 재상승하기 시작했다. 25평형이 2분기에 들어서야 상승한 것과 다르다. 직전 하락기 대비 1.8% 상승한 32억 7,900만 원으로 6,000만 원 가까이 상승했다. 이 시기는 N파고의 두 번째 상승 파고에 해당한다. 2024년 2분기 평균가격이 35억 1,200만 원으로 N파고의 첫 번째 상승 고점(33억 8,000만 원)에 도달했기 때문이다. 평균가격 기준으로는 W파고에 도달했다고 보기는 힘들지만, 최고가는 39억 5,000만 원으로 2022년 2분기 최고가(39억 원)에 비해 5,000만 원이 더 높은 수준이다. **따라서 W파고의 달성은 시간문제일 것으로 보인다.**

⑫ 강남구 도곡렉슬

강남구의 도곡렉슬은 도곡주공1차 아파트를 재건축한 곳으로 2006년 2월에 준공된 3,002세대의 대단지다. 이곳도 반포자이처럼 30평형대 이상의 세대수가 80% 내외로 중대형 평형이 주를 이룬다.

도곡렉슬은 프리미엄 단지가 몰려 있는 지역에 위치한 만큼, 학군 수요와 맞물린 강남구의 대표 아파트 중 하나다. 대치동 학원가가 1km 거리에 있어 도보로도 15분 내외면 갈 수 있다. 명문대 진학률 10위권에 드는 고등학교도 다수 있어 뛰어난 교육 환경을 자랑한다. 또한 교통편도 우수한데, 수인분당선의 한티역과 수인분당선 및 3호선의 도곡역이 인근에 있다.

　　도곡렉슬 33평형대는 936호가 있다. 평균가격 기준으로 N파고를 달성했다. 2024년 2분기 최고가를 볼 때, W파고를 형성하는 2022년 최고가에는 이르지 못했으나 W파고 역시 돌파할 가능성이 높다.

[폭등기: 2022년 1분기~2분기]

2022년 1분기: 31억 3,000만 원

→ 최고가: 31억 3,000만 원, 거래량: 1건

2022년 2분기: 31억 원(-1%)

→ 최고가: 31억 원, 거래량: 1건

도곡렉슬 33평형은 2022년 1분기에 31억 3,000만 원의 최고가를 기록하면서 폭등기를 맞았다. 2022년 2분기에도 31억 원에 1건이 거래되며 31억 원 선이 유지되었다.

[급락기: 2022년 3분기~2023년 1분기]

2022년 3분기: 29억 3,000만 원(-5.5%)

→ 최고가: 31억 5,000만 원, 거래량: 4건

2022년 4분기: 거래량 0건

2023년 1분기: 24억 5,800만 원(-16.1%)

→ 최고가: 26억 2,000만 원, 거래량: 13건

강남구 도곡렉슬 33평형대 가격 추이(2020~2024년)

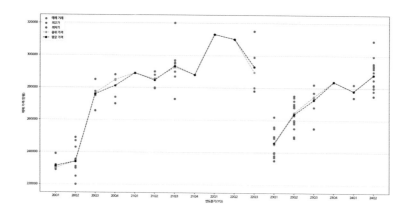

그러나 2022년 하반기가 되자 금리 인상의 여파로 평균가격이 빠르게 하락세로 전환되었다. 2022년 4분기에는 거래가 없었고, 2023년 1분기에 접어들자 거래량이 13건으로 급증했다. 문제는 평균 거래가격이 25억 원 선을 지키지 못하고 24억 5,800만 원 수준으로 급감한 것이다. 전 고점인 2022년 1분기와 비교하면 1년 사이에 21% 이상 하락한 수준이다.

[상승기: 2023년 2분기~4분기]

2023년 2분기: 26억 3,600만 원(+7.2%)

→ 최고가: 27억 5,000만 원, 거래량: 15건

2023년 3분기: 27억 2,500만 원(+3.4%)

→ 최고가: 28억 2,000만 원, 거래량: 7건

2023년 4분기: 28억 3,700만 원(+4.1%)

→ 최고가: 28억 3,700만 원, 거래량: 1건

2023년 2분기가 되며 상황이 반전되기 시작했다. 평균가격이 재상승하기 시작한 것이다. 거래량 또한 2023년 2분기 15건을 기록하면서 근 4년 중 가장 많은 거래량을 보였다. 2023년 4분기 평균가격(28억 3,700만 원)은 급락기였던 2023년 1분기 가격에 비해 15% 이상 상승했다. N파고의 첫 번째 상승 파고다.

[하락기: 2024년 1분기]

2024년 1분기: 27억 8,000만 원(-2%)

→ 최고가: 28억 2,000만 원, 거래량: 2건

도곡렉슬 33평형은 2024년 1분기에 짧은 하락기를 맞았다. 거래량이 다시 2건 수준으로 축소되고, 평균가격이 직전 분기 대비 5,700만 원가량 하락했다. 다만 해당 분기 최저가는 27억 4,000만 원으로 2023년 3분기보다는 높은 가격에 유지되었다. 이 시기는 N파고의 첫 번째 하락 파고에 해당한다.

[상승기: 2024년 2분기]

2024년 2분기: 28억 7,800만 원(+3.5%)

→ 최고가: 30억 9,000만 원, 거래량: 19건

2024년 2분기에 접어들자 분위기는 다시 상승 국면으로 향했다. 거래량도 직전 분기 대비 크게 상승해 19건을 기록했다. 평균가격은 2023년 4분기보다 약간 높은 수준으로 회복했다. 2024년 2분기 평균가격(28억 7,800만 원)은 2022년 최고점에는 도달하지 못했으나, 거래량의 증가와 함께 상승 가능성이 높다고 판단된다. 결과적으로 도곡렉슬 33평형은 N파고를 돌파했으며, W파고 역시 도달 가능성이 있다고 보인다.

대장 단지 분석으로 보는 서울 부동산 6가지 인사이트

① 대장 단지들이 전 고점을 돌파하며 상승 중이다

강남 지역 아파트와 신축 아파트를 중심으로 N파고, W파고 달성이 일어나고 있다. 앞선 분석 내용을 요약하면 오른쪽 표와 같다.

② 금리 인하는 시간문제다

이번 Part의 도입에서도 이야기한 것처럼 금리와 부동산 가격은 역의 상관성을 보인다. 우리나라 금리는 2021년 3분기부터 2023년 1분기까지 꾸준히 상승하고, 현재까지 유지되고 있는 상황이다. 2024년 하반기에는 금리 인하의 조짐이 보이고 있다. 이는 한국은행뿐만 아니라 정치권에서도 요청하고 있는 바다. 따라서 금리 인하에 따라 향후 부동산 가격은 상승할 가능성이 매우 높다.

대장 단지 N파고, W파고 달성 여부

단지명	N파고	W파고
종로구 경희궁자이 25평형	달성	달성 가능성
종로구 경희궁자이 33평형	하락기 없이 상승 중	달성 가능성
강동구 '고덕그라테온' 25평형	달성	달성 가능성
강동구 '고덕그라테온' 33평형	달성	달성 가능성
송파구 헬리오시티 25평형	달성	달성 가능성
송파구 헬리오시티 33평형	달성	달성 가능성
강서구 마곡엠밸리 25평형	달성	달성 가능성
강서구 마곡엠밸리 33평형	달성 가능성	달성 가능성
송파구 '엘리트' 25평형	달성	달성
송파구 '엘리트' 33평형	달성	달성 가능성
성동구 왕십리뉴타운 25평형	하락기 없이 상승 중	달성 가능성
성동구 왕십리뉴타운 33평형	달성	달성 가능성
중구 남산타운 25평형	하락기 없이 상승 중	달성 시간 소요
중구 남산타운 33평형	달성 가능성	달성 시간 소요
마포구 마포래미안푸르지오 25평형	달성	달성 가능성
마포구 마포래미안푸르지오 33평형	달성 가능성	달성 가능성
서대문구 DMC파크뷰자이 25평형	달성	달성 시간 소요
서대문구 DMC파크뷰자이 33평형	달성	달성 시간 소요
관악구 관악드림타운 25평형	하락기 없이 상승 중	달성 시간 소요
관악구 관악드림타운 33평형	정체기	달성 시간 소요
서초구 반포자이 25평형	달성	달성 가능성
서초구 반포자이 33평형	달성	달성 가능성
강남구 도곡렉슬 25평형	달성	달성 가능성
강남구 도곡렉슬 33평형	달성	달성 가능성

③거래량과 매매가격이 같이 증가하고 있다

앞서 살펴본 12개 단지들 모두 2024년 1~2분기를 기점으로 거래량이 늘어나고 매매가격이 보합 또는 상승세를 보이고 있다. 주택의 매매 거래량과 거래가격은 동조화 현상을 보이는 만큼, 향후에는 거래가격이 상승할 가능성이 높다. 이는 부동산 시장 구매자들의 집값 상승에 대한 기대 심리가 반영된 것이라고 볼 수도 있다.

④강남3구의 상승세가 전이될 것이다

주택 시장의 가격은 서울의 강남구, 서초구에서 시작해 강북과 수도권 등으로 전이되는 현상을 보인다. 강남구, 서초구, 송파구는 이미 상승기가 시작되었다. 한 통계에 의하면 재건축을 통해 큰 수익을 거두기 어려운 환경에, 미래보다는 현재를 중시하는 2030세대의 소비경향이 반영되면서 신축 아파트가 인기를 끌고 있다고 한다. 그래서 송파구의 헬리오시티, 마포구의 마포래미안푸르지오, 서대문구의 DMC파크뷰자이, 강서구의 마곡엠밸리 같은 2010년대 중후반 이후에 준공된 준신축 단지들부터 상승기가 시작되었다. 이후에는 결국 상승세가 그 외의 신축보다 중소 규모의 강북 아파트 단지들까지도 확산되고 그 밖의 수도권으로도 전이될 것으로 전망한다.

⑤신축 아파트의 상승세가 퍼져나간다

아파트 가격은 주변 신축 아파트의 가격에도 영향을 받는다. 어떤 아파트와 비슷한 조건의 주변 신축 아파트가 10억 원이라면 기존 아

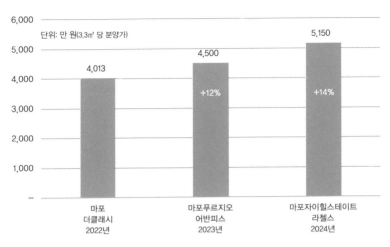

서울 마포 지역 분양가 추이

자료 출처_〈대한경제〉, 2024.06.24.

단위: 만 원(3.3㎡ 당 분양가)

4,013	4,500 +12%	5,150 +14%
마포 더클래시 2022년	마포푸르지오 어반피스 2023년	마포자이힐스테이트 라첼스 2024년

파트들도 그에 맞춰 가격의 격차를 두고 상승하는 모습을 볼 수 있다. 최근 강북 지역에서 국민 평형대인 33평형의 분양가격이 20억 원을 넘나들고 있다. 마이너스 프리미엄 등의 존재로 항상 그렇다고 볼 수는 없지만 이렇게 분양 가격이 비싸지면 주변 아파트 단지들도 덩달아 상승세에 올라탈 가능성이 높다.

⑥역대 최악의 공급 부족이 예상된다

서울시 아파트 입주 물량 부족에 대해서는 여러 번 언급했다. 2024년 서울 지역의 아파트 입주 물량은 약 2만 가구로 2010년 이후 최저 수준이다. 또한 2025년에 예정된 약 2만 6,000가구도 2017년의 약 2만 9,000가구 이후로 최저치다. 향후에는 1만 가구 수준으로 훨

서울시 아파트 입주 물량 추이(2010~2027년)

자료 출처_부동산R114, 자체 조사

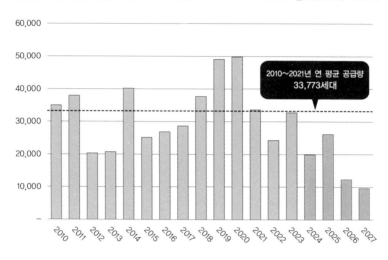

2010~2021년 연 평균 공급량
33,773세대

서울시 주민등록 세대수(1992~2023년)

자료 출처_공공데이터포털

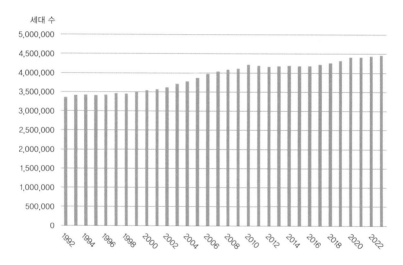

세대 수

씬 더 적어질 것으로 예상된다.

　서울특별시의 세대수는 1992년 335만, 2002년 362만, 2012년 417만, 2022년에는 444만으로 증가했다. 2023년에도 446만으로 증가하는 추세이며 이는 꾸준한 서울시 거주 수요를 의미한다. 공급은 부족하고 수요는 증가하고 있다. 이는 공급이 수요를 받쳐주지 못해 가격이 상승할 가능성을 암시한다.

2025년
부동산 가격
大예측

서울시 집값 시나리오

서울시 전체 아파트 가격에 대해 다시 살펴보자면, 모든 지역에서 2021년 고점을 돌파할 가능성이 높다. 다만 지역별로 그 시점에는 차이가 있을 것이다. 강남권 아파트 가격이 급등해 매수하지 못한 사람들은 왕십리나 마포 지역 아파트로 눈을 돌릴 수 있다.

올해도 다가올 2025년의 '서울시 집값 전망'을 제시하려 한다. 서울시 전체의 아파트 매매가격은 어떻게 될지, 또 고가 주택 밀집 지역(강남·서초구)과 서민 주택 밀집 지역(노원·도봉·성북구)은 어떤 차이를 보일지 살펴보겠다. 2025년 부동산 시장의 전망을 이해하기에 앞서 몇 가지 중요한 전제와 작동 원리를 살펴볼 필요가 있다. 첫째, 매매 수요는 여전히 충분하다는 가정이 중요하다. 이는 서울시 부동산 시장에서 지속적인 거래가 이루어질 것임을 의미한다. 충분한 수요는 가격을 안정시키거나 상승세를 유지하는 데 중요한 역할을 한다. 둘째, 금리 변화는 부동산 수익률에 직접적인 영향을 미치며, 이는 궁극적으로 부동산 가격에 영향을 미친다는 가정이다. 금리 시나리오는 2025년 6월까지 기준금리가 최소 25bps에서 최대 75bps 인하되는 경우를 상정했다. 금리 인하는 주택담보대출 금리에도 영향을 미쳐 부동산 수요를 넓힐 것이다.

서울시 부동산 가격 예측 모델

가격 예측을 위해 두 가지 모델이 적용되었다. 첫 번째 모델은 현재 전세가격이 빠르게 상승하고 있지만, 매매로의 전환 수요가 이 상승세를 완화시킬 가능성을 상정한다. 이는 서울로 진입하려는 경기도권의 대기 수요뿐만 아니라, 전세에서 매매로 전환하려는 수요가 상당히 존재한다는 가정에 기반하고 있다. 이러한 수요 전환은 전세가격 상승 폭을 둔화시킬 가능성이 있다.

더욱 중요한 두 번째 모델은 '부동산 수익률 모형'이다. 이 모델은 금융시장과 공간시장(특히 임대차 시장)의 영향을 받는다. 여기서 임대차 시장이 안정적이라면 주요 변수는 금융시장, 특히 기준금리가 된다. 금리 인하는 주택담보대출 이자율을 낮추며, 이는 부동산 수익률의 인하로 이어지고, 결국엔 부동산 가격 상승으로 연결된다. 부동산 시장의 수익률은 다음과 같이 정의된다.

$$부동산\ 투자수익률 = \frac{1년\ 치\ 임대\ 수입}{가격}$$

부동산 수익률 개념이 낯선 독자들을 위해 잠시 작동 원리를 설명하겠다. 금리가 낮아지면 부동산 수익률도 낮아진다. 만약 은행 금리가 4%에서 3%로 낮아지는 경우, 위험자산인 부동산 수익률도 함께 낮아지는 이치다. 은행 금리가 4%라고 하면 더욱 위험한 자산인 부동산에서의 수익률은 최소 4% 이상을 얻으면 된다. 대략 4.5% 정도면 적당하다고 볼 수 있다. 그런데 금리가 3%로 낮아지게 되면 부동산에 투자하는 사람들은 3.5~3.75% 정도의 수익률이면 충분하다는 생각을 하게 된다. 그래서 금리가 낮아지면 부동산 수익률도 따라서 내려가는 것이다. 다만 필자의 연구에 의하면 금리가 1%p(100bps) 인하된다고 부동산 수익률도 똑같은 정도로 낮아지지는 않는다. 대략 금리 인하 폭의 절반 정도가 내려간다. 그런데 부동산 수익률이 낮아지는 경우 임대 수입은 고정되어 있기에(전세·월세

2년 계약이 되어 있어 변동성이 아주 크지는 않다) '가격'이 상승하게 된다. 투자수익률 수식의 분모가 움직이는 것이다. 이때 가격은 즉각적으로 변동한다.

순서를 바꿔도 마찬가지다. 부동산 가격이 올라가면 투자수익률이 낮아진다. 예를 들어 수도권의 A라는 도시에 인구가 1만 명이 거주하고 있고, 1년 치 월세가 2,000만 원에 가격은 5억 원이라고 치자. 그럼 대략적인 부동산 수익률은 4%(=2,000만 원÷5억 원)다. 그런데 만약 해당 도시로 거대 기업이 본사를 옮기기로 결정했다고 하면, 가장 먼저 움직이는 것은 토지 값이다. 월세가 아니다. 토지 가격이 갑자기 2~3배가 될 수 있는데, 보수적으로 2배가 되었다고 가정하겠다. 그렇다면 수익률은 2%로 하락하게 된다. 임대 수입 2,000만 원은 단기적으로(2년 계약) 고정되어 있는 만큼, 토지 가격이 5억 원에서 10억 원으로 폭등하면 수익률이 2%(=2,000만 원÷10억 원)가 되기 때문이다.

임대차 시장이 안정적이라면 주요한 변수는 금융시장의 '금리'라고 했다. 기준금리가 인하되면 주택담보대출 금리가 따라서 인하되고, 사람들은 같은 비용으로 더 큰 대출을 일으킬 수 있게 된다. 이는 부동산 수요를 자극하며 부동산 가격을 인상시키는 방향으로 나아간다. 즉 부동산 수익률 하락은 부동산 가격 상승으로 연결된다.

2025년 서울시 아파트 가격 시나리오

서울시 전체 아파트에 대해 2025년 가격을 예측한 결과, 금리가 2024년 6월 대비 0.25%p 인하될 경우 서울 전체 아파트 가격은 약 5% 상승할 것으로 예상된다. 한편 금리 인하 폭이 0.75%p까지 확대될 경우 가격 상승률은 10%에 이를 수 있다.

다만 2024년 7월 현재 정부 당국에서 사태의 심각성을 인지하고 있는 만큼 수요를 억제하는 정책(LTV, DTI, DSR 강화 등)이 출현할 수 있다. 이런 정책은 단기적으로 가격의 하방 압력으로 작용할 수 있으나 장기적으로 큰 영향을 발휘하지 못할 수 있다. 문재인 정권 중후반에 나온 수요 억제 정책이 제대로 작동하지 못했던 상황과 비슷하다.

2025년 서울시 아파트 매매가격지수 시나리오

시장 참여자들의 미래 수입에 대한 기대가 압도적으로 크다고 하면, 이들은 어떤 수단을 사용하더라도 시장에 참여하고자 할 것이다. '벼락거지'라는 조어에서 알 수 있듯이, 과거 부동산 시장에 적확한 타이밍에 참여하지 못해 자본 격차를 경험한 사람들은 상당히 비합리적으로 시장에 접근할 수밖에 없다. 더구나 정부가 사사건건 시장에 간섭하는 우리의 경우, 정부의 판단 자체가 비합리적으로 시장을 왜곡하기 때문에 합리적인 사람들은 정부 방향과 다르게 움직일 수 있다.

이에 더해, 임대차 2법 폐지와 종합부동산세(이하 종부세) 폐지 같은 세제 완화가 언급되고 있다. 주택을 매수하려는 시장 참여자에게는 당연히 좋은 신호로 읽히는 사안들이다. 임대차 2법 폐지의 부당성은 앞서 밝혔다. 이는 집주인에게 전세가격을 아무렇게나 올릴 수 있는 백지수표를 주는 것이나 다름 없고 임차인의 주거 안정성을 해치기 때문이다. 임대차 2법 폐지는 부동산 수익률에 지대한 영향을 미치면서 가격을 한 단계 더 상승시킬 수 있다.

Information ──────────────────────────────

임대차 2법 폐지 후 매매가격 상승 시나리오

임대차 2법이 폐지되면 집주인은 2년마다 전세가격을 마음대로 올릴 수 있게 된다. 특히 지금처럼 매매가격과 전세가격이 동반 상승하는 경우, 전세가격이 오르는 것은 매매가격을 더욱 탄력적으로 상승시킬 수 있다. 예를 들어보겠다. 현재 부동산 수익률이 4%인 상황이라고 치자. 앞에서 살펴본 예시와 동일하게 1년 임대료 2,000만 원에 가격이 5억 원이라고 하겠다.

부동산 수익률(4%)＝2,000만 원(1년 임대료)÷5억 원(가격)

그런데 임대차 2법 폐지로 전세·월세 가격을 집주인 마음대로 올릴 수 있게 되었다고 하자. 대기 수요가 많은 경우 2,000만 원 임대료가 3,000만 원으로 오를 수 있다. 시장 전반의 수익률이 4%라 하면 이제는 분모인 가격이 움직이기 시작한다. 1년 치 월세가 3,000만 원이 된 아파트의 가격은 더 이상 5억 원이 아니다. 시장의 부동산 수익률(4%)에 맞게 가격은 7억 5,000만 원으로 대폭등하게 된다. 결국 부동산 매매가격은 전세·월세 상승에 맞춰 한 단계 더 올라선다.

부동산 수익률(4%)＝3,000만 원(1년 임대료)÷7억 5,000만 원(가격)

강남·서초구 아파트 가격 예측

서울시 전체에서 조금 더 세분화해 강남·서초구와 노도성(노원구·도봉구·성북구) 지역의 아파트 가격을 전망해보려 한다. 강남·서초구 아파트의 경우 금리 0.25%p 인하 시 가격은 4% 상승, 0.75%p 인하 시 8% 상승할 것으로 예측된다. 하지만 강남 아파트는 이미 2024년 7월 현재 2021년 고가에 거의 다다랐기 때문에 상승 폭이 상대적으로 제한될 가능성이 있다. 이러한 예측은 다른 모든 조건이 변하지 않는다는 가정에 따른 것이다.

그러나 만약 2010년 가을의 보금자리주택 공급과 같은 저가의 거대한 분양 시장이 출현할 경우, 가격 하방 압력이 가해질 수 있다. 반대로 앞서 설명한 바와 같이 임대차 2법이 폐지되거나 부동산 세제 완화(종부세 폐지 혹은 다주택자 세금 완화 등)가 일어난다면 가격 상승에 불이 붙을 수 있다. 안 그래도 우리나라는 실효 재산세율이 지나치게 낮은데 여기서 세제 완화가 일어난다면 상승 압력이 더욱 강해질 것이다.

2024년 7월 현재, 기존의 종부세 제도가 유지되는 경우 20억 원 상당의 집을 소유한 1주택자는 종부세를 내지 않는다. 종부세는 시가와 감정가를 기반으로 하지 않고, 공시가격 12억 원 이상에 대해서만 추가적인 과세가 이루어진다. 20억 원 아파트의 공시가격은 대략 10~11억 원 사이로 종부세 부과 대상이 아니며 재산세만 내는데 대개의 경우 실효 세율은 0.1%에 불과하다. 재산세 관련 문제는 이번 Part 말미에서 추가적으로 설명하도록 하겠다.

노도성 아파트 가격 예측

노도성 지역 아파트 가격은 금리 변동에 따라 크게 달라질 수 있다. 만약 금리가 2024년 6월 대비 0.25%p 인하될 경우 노도성 아파트 가격은 약 6% 상승할 것으로 예상된다. 그러나 인하 폭이 0.75%p 까지 커지면 가격 상승률은 12%에 이를 수 있다. 2024년 7월 현재 시점에서 강북 지역, 특히 한양 도성 외곽 지역의 아파트 가격 상승 폭은 크지 않다. 하지만 이러한 상황이 지속되리라는 보장은 없다. 이 책이 출간되는 10월경에는 강북 지역의 가격이 크게 상승했을 가 능성이 존재한다. 이는 과거 패턴에서도 확인된 바 있다.

과거의 가격 데이터를 살펴보면 두 가지 중요한 트렌드가 있다. 첫째, 가격 상승은 대체로 강남에서 시작된다. 강남 지역의 가격 상 승은 일정 시차를 두고 주변 지역으로 확산되며 강북 지역, 특히 노 도성 지역은 가장 늦게 영향을 받는 경향이 있다.

둘째, 서울시 전체 아파트의 장기적인 누적 상승률을 보면 강남 과 강북 간 차이가 크지 않다. 강남 아파트 가격이 먼저 빠르게 올랐 다면 그 다음해에도 같은 속도로 오르기보다는 상승 폭이 줄어들 수 있다. 반면 강북 지역은 강남에서 가격 상승이 발생한 첫 해에는 상 대적으로 상승 폭이 적거나 거의 없을 수 있지만, 그 다음해에는 급 격한 상승이 나타날 수 있다. 이는 2013~2021년의 장기 분석에서 나왔던 패턴이기도 하다. 그래서 많은 사람들의 선입견과 다르게, 강남과 강북 아파트의 장기적인 누적 상승률에는 큰 차이가 없다. 어느 지역 간의 가격 변화를 비교할 때 '누적 상승률' 관점에서 접근 해야 하는 이유다.

서울시 전체 아파트 가격에 대해 다시 살펴보자면, 모든 지역에서

2021년 고점을 돌파할 가능성이 높다. 다만 지역별로 그 시점에는 차이가 있을 것이다. 2024년 7월 현재 시점에서 부동산 시장의 분위기는 크게 변했고, 시장은 새로운 공간적 균형을 찾아가고 있다. 가격의 상승세가 전파되고 있다는 의미다. 따라서 강남권 아파트 가격이 급등해 매수하지 못한 사람들은 왕십리나 마포 지역 아파트로 눈을 돌릴 수 있다. 또 왕십리와 마포 지역 아파트를 매수하려 했으나 앞서 매수를 완료한 사람들이 가격을 이미 높여놔 접근이 어려워졌다면, 소득이 다소 낮은 사람들은 대신 성북구의 신축 아파트로 관심을 돌릴 수 있다. 이처럼 시차를 두고 서울시 모든 지역이 서로 연결되어 가격이 동조화되는 경향이 나타난다.

강남에서 강북 지역 아파트로 가격이 전파되는 것과 더불어 살펴볼 부분은 신축 아파트와 구축 아파트의 가격 차이다. 현 시점에서 신축 아파트와 구축 아파트에 대한 선호도는 다르며, 특히 젊은 세대의 신축 아파트에 대한 선호는 매우 크다. 따라서 신축 아파트와 구축 아파트 간 프리미엄 격차가 2010년대 중후반과 같이 40%에 이를 수 있다. 그러나 장기적으로 볼 때 향후 아파트 공급이 절대적으로 부족하다면 구축 아파트 역시 가격 상승 압력을 받을 것이다.

결론적으로 노도성 지역 아파트 시장은 강남과의 동조화 현상, 신축과 구축의 프리미엄 격차, 재건축 정책 등의 변수에 의해 크게 영향을 받을 수 있다. 이러한 요소들을 종합적으로 고려해 시장을 이해하고 그에 대응하는 것이 중요하다.

정부의 부동산 시장 개입 가능성

현재 부동산 시장의 분위기는 2022년, 2023년과는 완전히 다른 양상을 보이고 있다. 필자는 작년 저서의 부제를 '서울 아파트 상승의 전조'라고 달며 서울시 공급 부족 문제를 짚고 이에 대한 정책 대안이 필요하다는 경고를 했다. 하지만 정부는 이 부분에 대해 실질적인 대응을 하지 않았다. 우리나라 정부는 자유시장경제의 원칙과는 다르게 과도하게 시장에 개입하는 경향이 있다. 예를 들어 대출 규제 비율인 LTV와 DTI(Debt to Income)를 자의적으로 조정하며 부동산 세율 및 기타 규제 정책을 편의적으로 집행하는 식이다. 이러한 정책의 일관성 결여는 시장 참여자들 입장에서 예측 가능성을 낮추고 불확실성을 높이는 요소로 작용하고 있다.

정부의 개입이 현실화되는 경우, 단기적으로는 앞선 시나리오대로 부동산 가격이 움직이지 않을 수도 있다. 그러나 필자는 정부가 시장 변화를 인지하는 시점이 시장 참여자들에 비해 상당히 늦고, 정책 집행 과정에서도 세심한 고려가 부족하다고 생각한다. 시장 참여자가 정부보다 더 빠르게 행동하고 있다. 따라서 2024년 중반에 시작된 부동산 슈퍼사이클은 장기적인 상승세로 이어질 가능성이 크다. 이는 결국 시장의 자율적인 힘이 정부의 개입을 이길 수 있다는 사실을 입증하게 될 것이다.

정부는 이러한 시장의 흐름 속에서 중산층과 서민을 위한 주거복지 향상에 보다 집중할 필요가 있다. 주거 안정성은 국민의 삶의 질과 직결되는 중요한 문제다. 정부는 시장 개입보다 주거복지에 집중해 더 나은 사회적 환경을 조성해야 할 것이다.

대한민국 부동산 시장이 가야 할 방향

우리는 종부세를 폐지하는 경우 실효 재산세율을 어느 정도까지 높일지, 그리고 재정 자립도가 낮은 농촌 지역의 재정보조는 어떤 방식으로 할지 논의해야 한다. 이런 논의 없이 외치는 종부세 폐지 및 완화는 포퓰리즘에 지나지 않는다.

중산층과 서민을 위한 'NEW리츠' 정책

이하 필자가 제안하는 'NEW리츠 제도'는 한국은행과 공동연구한 결과물이며 이 책에 일부를 약술한다. 필자는 서울의 경우 중산층과 서민의 주거복지가 심각하게 위협받을 것이 우려된다. 이의 견지에서 새로운 개발에 리츠를 활용해 민간 브랜드 아파트를 짓되 인센티브를 제공해 임대료 상승에 제한을 두는 수익형 리츠를 제안했다. 리츠REITs란 부동산에 투자해 발생한 수익을 투자자에게 배당하는 회사나 투자신탁으로 이를 통해 소액 투자자도 부동산에 투자할수 있다. 'NEW리츠' 정책을 실시하면 주택 공급을 늘리고, 시장 안정성을 높일 수 있으며, 공공이 임대료를 제어하는 민간 아파트를 확보할 수 있다는 장점이 있다.

필자가 제안하는 NEW리츠의 핵심은 가계(주택 수요자)가 리츠 '투자자'의 일원으로서 참여하고, 리츠의 주식을 보유해 의결권을 가진 '주주'가 되며, 동시에 임차인으로서 리츠가 취득한 주택에 거주하는 '거주자'가 된다는 점이다. 다음 페이지의 구조도를 살펴보자. 먼저 자금 조달은 공모와 차입을 통해 이루어진다. 투자자는 주택도시기금, 증권사 등 기관뿐만 아니라 개인도 될 수 있다. 리츠는 이렇게 조달된 자금을 바탕으로 주택 자산을 취득하며 필요시에는 한국거래소 상장을 고려할 수 있다. 해당 리츠는 위탁관리형 부동산투자회사로 자산의 운용 및 관리를 전문 자산관리회사(AMC)에 위탁한다. 투자자들은 주식 청약금액에 비례해 자산에 대한 지분을 인정받는다. 또한 투자 기간 동안에는 수익에 대해 배당금을 지급받으며, 지분 매각 시 주택 가격이 상승했다면 지분가치에서 차익을 얻을 수 있다.

가계는 투자자로서 리츠사의 지분을 취득하고 그 지분을 통해 리츠사가 보유한 주택에 임차인으로서 거주할 권리를 얻게 된다. 여기서 가계가 공모로 취득하는 지분은 '리츠사'의 지분이지 거주하게 되는 주택의 지분이 아니다. 따라서 가계는 확보한 리츠사의 지분 규모와 무관하게 일정한 임대료를 지불한다. 즉 가계는 ①리츠의 투자자이며 주주임과 동시에 ②거주자이며 ③임차인이다. 주택과 토지는 리츠의 소유다. 리츠 투자자인 개인은 투자 지분을 갖고 있을

NEW리츠 구조도

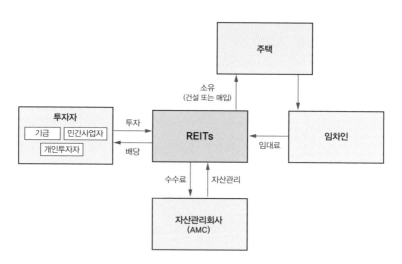

뿐 토지, 건물 등 부동산 지분을 직접 소유하지 않는다. 그러니 부동산 등기가 불필요하며 취득세, 재산세 및 종합부동산세, 양도소득세 등의 대상이 되지 않는다. 그리고 주택법상 무주택자 자격을 유지하기 때문에 본인이 원하는 경우 주택 청약에 참여할 수 있다.

이 제도는 리츠 투자기업과 가계 모두에게 높은 참여 유인을 제공한다. 투자자는 간접투자로 배당 수익을 얻는 동시에 주택 가격 상승 시 매각을 통해 지분가치에서 차익을 얻을 수 있으며 부동산 직접투자로 인한 위험을 회피할 수 있다. 또한 리츠사는 개인투자자를 포함하는 공모 과정을 거쳐 자기자본을 확보할 수 있으므로 기금이나 민간으로부터 자금을 조달할 때에 비해 비용이 낮아 수익성 향상을 기대할 수 있다. 한편 가계는 상대적으로 저렴한 임대료로 안정적 주거공간을 확보하며 리츠의 주식 및 지분을 소유해 배당 수익을 얻을 수 있다. 주택 가격이 상승했다면 지분가치 차익까지 누린다.

NEW리츠 제도는 현 '공공 지원 민간 임대'의 구조에 기초를 두되, 임차인인 가계가 단순히 거주만 하는 것이 아니라, 리츠가 구입한 주택의 지분과 이 지분을 특정 시점에 매각할 권리를 가진다는 점에서 기존 제도를 확장하고 있다. 또한 이 리츠는 일정 임대 기간이 종료된 후 청산하는 구조가 아니라 영속형 리츠로 지속적이고 안정적으로 임대 주택을 공급한다. 리츠사는 공공 자금과 여러 지원을 받음에도 명확히 민간 주체에 의해 운영되는 성격을 갖는 민간 리츠회사다. 당연히 리츠회사가 소유한 물건은 민간 리츠회사의 브랜드가 적용되며, SH와 LH 등 공공 브랜드가 적용되지 않는다. 다만 공공 지원의 정도에 따라 공공성과 시장성을 고려해 임대료 요율에 적정 수준 감액이 있을 수 있다.

결과적으로 NEW리츠 제도는 중산층과 서민에게 부담 가능한 주택을 공급하며, 주택담보 및 전세자금 대출 증가로 늘어난 가계대출을 민간 자본으로 대체(Debt-Equity Swap)할 수 있을 것으로 기대된다. 또한 리츠의 규모가 커짐에 따라 건전한 부동산 간접투자 기회를 확대할 수 있고, (리츠는 대규모 아파트의 운용 주체로 건설을 담당하지는 않는 만큼) 민간 건설산업의 활성화에도 일조할 것이다.

알래스카보다 낮은 서울 아파트 재산세

우리나라의 재산세는 사실 두 가지다. 재산세(지방세)와 종합부동산세(국세)다. 2024년 7월 현재, 종부세 폐지 논쟁이 뜨겁다. 종부세는 재산세의 일종으로 1주택자의 경우 공시가격 12억 원 이상인 주택에 추가적인 세금이 부과된다. 여기서 중요한 부분은 종부세가 시세나 감정가가 아니라 '공시가격'을 기준으로 결정된다는 점이다. 예를 들어 역삼동에 위치한 한 25평 아파트의 현재 시세는 20억 원인데, 공시가격은 10억 8,000만 원에 불과하다. 즉 이 주택은 종부세 대상이 아니다. 보통 시가 20억 원 주택은 종부세 대상이 아니다. 따라서 20억 원 이하의 1주택자는 종부세를 걱정하지 않아도 된다.

필자는 개인적으로 종부세의 개혁이 필요하다고 생각한다. 한 주택에 대해 여러 명의 세무사나 회계사에게 종부세가 얼마인지 물어보면, 계산 금액이 다르게 나오는 경우가 많다. 이는 현재의 종부세 시스템이 복잡하고 일관성이 부족해 전문가조차 계산하기 어려운 상태라는 것을 의미한다. 도저히 일반인은 계산할 수 없는 영역이다. 제도의 개선이 필요한 이유다.

다만 종부세를 폐지하는 경우 고려해야 할 두 가지 중요한 사안이 있다. 하나는 실효 재산세율을 어떻게 설정할 것인지에 대한 문제다. 종부세가 폐지된다면 현재의 매우 낮은 실효 재산세율을 적절히 인상할 필요가 있을 것이다. 다른 하나는 지역의 재정 보조 방안에 대한 문제다. 종부세는 현재 국세로 중앙정부가 징수해 지방자치단체에 배분하고 있다. 재정 자립도가 낮은 농촌 지역은 종부세를 통해 상당한 재정을 지원받는다. 종부세가 폐지될 경우 이러한 지역의 재정을 어떻게 보조할 것인지에 대한 논의가 필수적이다.

그럼 재산세의 실효세율은 얼마나 될까? 구체적인 사례를 살펴보자. 서울 강남구 역삼동에 20억 원짜리 역삼래미안 아파트가 있다. 이 아파트는 한티역에서 5분 이내 거리에 위치해 있으며, 공시가격은 약 10억 7,800만 원이다. 현재 한국의 종부세는 공시가격 12억 원 이상인 부동산에만 적용되므로 이 아파트는 종부세 대상이 아니다. 따라서 이 아파트의 소유자는 재산세만을 납부하게 되며 그 금액은 약 225만 원이다. 역삼동 25평 아파트의 실효세율은

0.11%(=225만 원÷20억 원×100)다.

또 다른 예로 서울 중구에 위치한 호가 10억 원의 남산타운 아파트를 들 수 있다. 이 아파트의 공시가격은 대략 5억 7,000만 원이며, 역시 종부세 대상이 아니다. 이 경우 소유자가 납부하는 재산세는 약 74만 5,000원이다. 남산타운 25평형의 실효 세율은 0.07%다.

그렇다면 자유시장경제의 끝판왕, 미국의 재산세는 얼마나 될까? 미국 재산세는 중앙정부에서 일률적으로 정하지 않고 각 주마다 다르다. 가장 재산세율이 낮은 주는 하와이로 0.32%이며, 한국인이 많이 거주하는 뉴저지주는 가장 높은 2.23%다. 뉴저지주 주택의 중위 가격이 38만 달러(한화 약 5억 1,908만 원)인데, 이 경우 1년 재산세는 무려 8,500달러(한화 약 1,161만 원)다. 캘리포니아의 경우 0.75%이고, 중간에 위치한 오클라호마주는 0.89%다. 미국의 재산세율과 재산세액에 비해 우리나라 재산세가 턱없이 낮음을 알 수 있다.

사실 문제는 여기서 그치지 않고 두 가지 주요한 이슈와 연관된다. 첫 번째 연관 이슈는 과세 형평성이다. 15억 원 상당의 아파트에 부과되는 재산세는 약 134만 원이고, 5,000만 원짜리 신차인 그랜저 3,500cc에 부과되는 자동차세는 약 91만 원이다. 상식적으로 고가의 부동산이 훨씬 많은 세금을 내야 할 것 같지만, 실제로는 큰 차이가 없다. 15억 원 아파트와 5,000만 원 자동차의 1년 보유세가 별 차이가 없는 것은 무언가 잘못된 상황이다.

두 번째 이슈는 종부세의 교차 보조와 관련된 문제다. 종부세는 국세로, 중앙정부에서 징수해 지방자치단체에 배분된다고 했다. 반면 재산세는 지방세로 해당 지역에서 자체적으로 징수한다. 현재 종부세 수입의 77%는 수도권에서 나오지만, 이 수익은 그대로 수도권에 사용되는 것이 아니라 지방으로 재분배된다. 특히 재정 자립도가 낮은 농촌 지역에서는 종부세로 인한 교부금이 중요한 재정 자원이 된다. 실제로 2023년에는 종부세 수입이 예상보다 적어 일부 농촌 지역에서 재정난을 겪었다. 심지어 몇몇 지역에서는 군청 직원들의 월급 지급조차 어려운 상황이 발생했다.[21]

종부세는 복잡하고 일관성이 부족한 면이 있어 개혁이 필요하다. 현재 20억 원 이하의 부동산에 대해 적용되는 실효 재산세율은 0.09%에서 0.12% 수준으로 매우 낮다. 우리는 종부세를 폐지하는 경우, 실효 재산세율을 어느 정도까지 높일지(미국에서 가장 낮은 0.32%까지라도 단계적으로 높일지) 그리고 재정 자립도가 낮은 농촌 지역의 재정 보조는 어떤 방식으로 할지 논의해야 한다. 이런 논의 없이 외치는 종부세 폐지 및 완화는 포퓰리즘에 지나지 않는다.

만약 이런 논의도 없이 종부세가 폐지되는 경우, 실효 재산세율이 0.09~0.12% 사이이기 때문에 부동산 보유로 인한 부담은 없다고 봐야 한다. 물론 2주택 이상 보유자에게는 과세 부담이 약간 있겠으나, 다주택자는 당연히 과세 부담을 느껴야 하며 이것이 공정한 사회다.

Part
6

주목해야 할
'핫 플레이스'

요즘 상권의
새로운 소비문화

경험 중심의 소비로 트렌드가 변화해가며 유통업계는 브랜드 가치를 전달하고 고객 접점을 넓히기 위해 팝업 스토어와 플래그십 스토어를 운영 중이다. 짧은 기간에 특별한 경험을 제공해 브랜드 경험을 극대화하기 위함이다.

더욱 짧아지는 상업공간의 생애주기

소비 트렌드가 빠르게 변화하고 양극화되는 현상이 나타나고 있다. 지난 10년간 대만 카스테라부터 벌꿀 아이스크림, 마카롱, 흑당 버블티, 달고나, 탕후루까지. 다양한 디저트가 1년 주기로 반짝하며 주목을 받다가 사라졌다. 한편 서울의 경리단길은 과거 모두가 가고 싶어 하는 핫 플레이스의 지위를 누렸지만 2024년 현재는 유령 상권이 되었다. 반대로 아무도 찾지 않던 압구정 로데오 도산공원 상권은 화려하게 부활했다. 이처럼 요즘 상권은 변화무쌍하다.

짧아지는 상업공간의 생애주기는 생존율로 설명할 수 있다. 생존율이란 특정 기간 동안 시장에서 살아남은 매장의 비율을 의미한다. 높은 생존율은 해당 시장의 안정성을, 낮은 생존율은 빠른 시장 변화를 나타낸다. 상업 트렌드가 빠르게 변화하면 기존 매장과 비즈니스가 적응하지 못하고 시장에서 사라질 확률이 높아지므로 생존율이 낮아진다.

서울의 7대 상권으로 명동, 가로수길, 강남, 홍대, 이태원-한남, 압구정-도산공원 그리고 성수가 있다. 이들 상권에서 2015년 1월 1일 이후 신규 창업한 점포의 생존율을 살펴보면 다음 그래프와 같다. 생존율 곡선이 가파르게 하락할수록 폐업 속도가 빠르다는 것을 의미한다. 지방 인허가 데이터를 통해 분석한 7대 상권의 요식업 생존율을 보면, 7대 상권 모두 5년 경과 후 살아남을 확률이 60% 미만이

7대 상권 요식업 생존율 변화(2024년 7월 31일 기준)

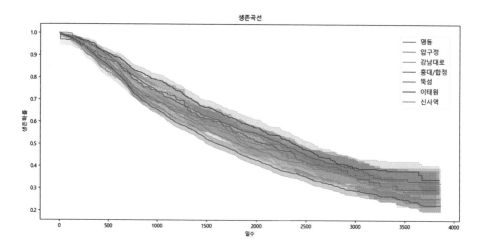

다. 상권의 공간 범위가 거대한 강남(강남대로)과 홍대·합정 상권은
생존율이 50% 이하로, 비교적 상권 범위가 작은 이태원, 성수(뚝섬),
가로수길 등에 비해 변화가 더 빠르다. 요일을 불문하고 유동인구가
많은 상권일수록 트렌드 변화에 따른 상업공간의 생애주기가 더욱
짧은 것을 알 수 있다.

이러한 낮은 요식업 생존율에 홍대, 강남역 일대는 지난 3년간
15~20%대 수준의 공실률이 유지되었다.[22] 이렇게 높은 공실률에
도 건물주들은 임대료를 낮춰 임차인을 찾기보다는 차라리 상가를
비워두는 방식으로 건물 가치를 유지하고 있다. 짧아진 생애주기를
역으로 이용해 독특한 운영 방식을 꾀하기도 한다. 짧게는 며칠에서

길게는 몇 개월까지 한정된 기간 동안 한정된 콘텐츠를 선보이는 이른바 '팝업 스토어'의 유치는 상권에 젊은 유동인구를 유입시키는 새로운 동력이 되었다. 이러한 공간 대여 방식을 통해 주최자는 정식 지점을 내는 비용을 들이지 않고도 이에 준하는 마케팅 효과를 누릴 수 있고, 건물주는 임대차계약이 아닌 사용대차계약을 맺음으로써 임대차보호법의 계약 기간에 얽매이지 않고도 수익을 창출할 수 있다는 장점이 있다.

소비행동이 만들어가는 새로운 공간

경제학적 관점에서 소비는 상품의 효용 극대화 및 비용 최소화에 동시적으로 관련되어 있다. 현대사회에서는 소비가 물리적 상품뿐만 아니라 사회적 이미지나 상징 등 비물질적 측면을 포함한다. 요즘 소비는 단순히 제품이나 서비스를 구매하는 행위를 넘어 사회적 상징성, 개인적 경험과 의미를 함께 아우르는 복합적인 과정인 것이다. 이러한 소비행동은 상권 분석에 있어서 매우 중요한 주제다.

1990년대에는 오렌지족의 소비행동에 따라 압구정동 상권이 발달했고, 2000년대에는 외국인이 유입되며 이태원 같은 소비 공간이 등장했다. 시대에 따라 다양한 업종과 문화적 특성을 가진 소비공간이 형성된다. 현대 소비문화는 점점 더 빠르게 변화하고 있으며 이러한 변화는 상권에 큰 영향을 미친다.

특히 온라인 정보 플랫폼의 영향으로 인해 물리적 접근성만으로는 설명할 수 없는 상업 특성이 전개되고 있다. 온라인 환경에 친숙한 MZ세대는 취향과 가치관에 따라 소비생활을 하며, 소비공간을 방문해 새롭고 특별한 경험을 즐긴다. 이들은 소비를 통해 자신의 정체성을 표현하는 데 익숙하고, 이를 온라인에서 공유하는 것에도 적극적이다. SNS는 하나의 표현 방식이 되어 개인이 특정 제품을 구매하거나 매장에 방문하는 이미지를 다수에게 보여주는 장이 된다.

새로운 소비 트렌드를 이해하고 이를 상권에 적용하는 것은 필수적이다. 소비자가 원하는 경험과 의미를 제공하는 상권이 더욱 경쟁력을 갖추게 될 것이다. 지금부터는 현대 소비문화 트렌드 중 상권의 활성화와 발전에 중요한 역할을 하고 있는 오픈런, 팝업 스토어 그리고 플래그십 스토어에 대해 자세히 알아보고자 한다.

상권을 뒤흔드는 대기행렬 '오픈런'

오픈런Open Run 현상은 영어 단어 'Open'과 'Run'의 합성어로 특정 상품이나 서비스를 구매하기 위해 개점 시간 전에 많은 사람들이 몰려 줄을 서서 기다리는 모습을 말한다. 국내에서 이 현상은 특히 명품 브랜드와 F&B 분야에서 두드러지게 나타난다. 최근에는 인기 상품이나 한정판 제품의 출시, 새로운 매장 오픈 시 발생하고 있다. 모바일 기술과 인터넷의 발달로 소비자들은 더 쉽게 온라인 쇼핑을 할 수 있게 되었음에도, 여전히 니즈를 갖고 오프라인 매장을 찾는다. 이는 상품을 직접 보고, 만지고, 구매하는 것을 선호하는 현대 소비자들의 심리와 관련이 있다. 소비자들은 특정 상품에 높은 가치를 부여하면 이를 구매하기 위해 기꺼이 시간과 노력을 투자한다.

아래는 오픈런 현상이 상권에 미치는 여러 영향이다.

①즉각적인 유동인구 증가

오픈런은 단기간에 상권에 많은 인파를 유입시켜 유동인구를 증가시킨다. 매장 오픈 전부터 많은 사람들이 줄을 서서 기다리는 만큼, 이는 주변 상점들에게도 더 많은 고객을 유치해 매출을 올릴 수 있는 기회가 된다. 요즘은 오픈런 맛집을 방문하기 위해 먼 거리에서 오는 사람도 쉽게 찾아볼 수 있다. 한 예로 안국의 오픈런 베이커리를 방문한 30대 여성 고객은 "유명하다고 해서 인천에서부터 왔어요. 주말 아침부터 마음먹지 않으면 여기까지 오기 어렵죠"라고 인터뷰하며 맛집을 위해 먼 거리를 마다않고 방문하는 사례를 보여줬다.

②상권 활성화

미디어와 SNS에서 오픈런 현상이 노출되면 이는 상권 전체에 홍보 효과를 가져오기도 한다. 오픈런을 일으킨 특정 매장만 방문하는 경우도 있겠지만, 많은 사람이 몰리면 주변 상점도 자연히 방문객이 늘어나기 때문이다. SNS로 다수가 상권의 존재를 알게 되고, 방문이 유도되며 전체 상권이 활성화되는 것이다. 특히 매장 웨이팅 어플 '캐치테이블'이 등장하면서부터는 직접 줄을 설 필요 없이 대기를 걸 수 있어 해당 상권의 다른 상점에도 방문객을 유치시키고 있다. 압구정 로데오의 유명한 오픈런 맛집을 방문한 20대 여성 고객은 "캐치테이블에 대기 신청을 걸어놓고 약 한 시간 정도 기다렸어요. 기다리는 동안 남자친구와 근처 카페에서 커피를 마시며 시간을 보냈습니다"라며 대기 시간 동안 주변 카페를 이용하는 모습을 보여줬다.

③임대료 상승

오픈런의 상권 활성화 효과에 따라 부동산 임대료도 상승할 수 있다. 인기 상점이 많은 방문객을 끌어들이면서 상권 전체의 가치가 상승하기 때문이다.

④브랜드와 상권의 연계

오픈런을 유발하는 인기 브랜드는 상권의 이미지를 강화시킨다. 어떤 유명 브랜드가 특정 상권에서 오픈런을 일으키면 그 상권은 트렌디하고 활기찬 이미지로 인식된다. 이는 상권 전체의 분위기를 개선하고, 더 많은 소비자를 유인하는 데 도움이 된다.

이처럼 오픈런은 상권에 다양한 방식으로 영향을 미친다. 이 현상은 상권의 경제적 성장을 촉진하고, 부동산의 임대료 상승을 유발하며, 투자 가치를 증대할 수 있다. 그런 만큼 이를 이해하고 상권에 적용하는 것이 경쟁력을 높이는 데 필수적이다. 다음은 실제로 오픈런이 일어나고 있는 매장을 알아보려 한다.

첫 번째는 서울 종로구 안국역 인근에 위치한 '아티스트 베이커리'다. 마찬가지로 크게 인기를 끈 베이커리인 '런던 베이글 뮤지엄'에서 신규 론칭한 브랜드다. 주 메뉴인 소금빵 종류가 다양하며 이외에도 다양한 스프레드와 독특한 토핑을 제공해 방문객의 입맛을 사로잡고 있다. 유럽풍 인테리어와 손으로 쓴 듯한 간판, 낡은 나무 바닥 등이 특징이다. 런던 베이글 뮤지엄처럼 많은 사람이 일찍부터 줄을 서서 기다리는 오픈런 현상이 자주 발생하고 있다.

아티스트 베이커리 안국　　　　　　　출처_아티스트 베이커리 네이버 업체 소개 사진

최근 화제가 된 다른 오픈런 맛집으로 '스위트파크'가 있다. 이는 2024년 5월 강남 신세계백화점 지하 1층에 오픈한 대규모 디저트 전문관으로 국내외 다양한 디저트 브랜드가 한자리에 모여 있어 많은 사람의 관심을 끌고 있다. 파이브가이즈, 초량온당, 가리게트 등의 유명 브랜드가 입점되어 있다.

서울 용산구에 위치한 '능동미나리' 역시 인기 맛집으로 신선한 미나리와 고품질의 고기를 사용한 요리로 유명하다. 능동미나리는 전통 한식을 현대적으로 해석한 메뉴와 아늑한 한옥 스타일의 인테리어로 많은 사람들의 관심을 받고 있다. 평일과 주말을 불문하고 오픈런이 필수다.

사람들이 줄을 서서 대기하고 있는 신세계백화점 스위트파크　　출처_신세계그룹 뉴스룸

일시적 매장의 무한한 가능성 '팝업 스토어'

팝업 스토어는 일시적으로 운영되는 매장을 통해 새로운 제품을 소개하거나 브랜드 인지도를 높이는 마케팅 전략이다. 이는 소비자에게 새로운 경험을 제공하고, 특정 장소에 단기간 많은 방문객을 유도하는 효과가 있다. MZ세대 사이에서는 팝업 스토어를 찾아다니며 인증샷을 찍어 SNS에 공유하는 문화가 확산되고 있다. 경험 중심의 소비로 트렌드가 변화해가자 유통업계는 브랜드 가치를 전달하고 고객 접점을 넓히기 위해 팝업 스토어와 플래그십 스토어를 운영 중이다. 짧은 기간에 특별한 경험을 제공해 브랜드 경험을 극대화하기 위함이다.

이러한 팝업 스토어가 오픈런과 더불어 최근 소비문화에 맞춰 늘어나는 추세다. 이전까지 팝업 스토어는 주로 패션과 뷰티 업계를 중심으로 운영되었으나, 최근에는 외식업부터 가전업체까지 다양한 업종에서 입점하고 있다. 팝업 스토어는 현대 상권 트렌드에서 매우 중요한 역할을 하는데, 다음의 이유로 상권의 활성화와 발전에 기여하기 때문이다.

①체험 마케팅을 통한 유동인구 증가

소비자, 특히 MZ세대는 단순히 제품을 구매하는 것 이상으로 제품 및 브랜드와의 특별한 경험을 중시한다. 팝업 스토어는 이들에게 새로운 경험과 즐거움을 제공하는 중요한 수단이다. MZ세대의 호응이 있으면 짧은 기간에 집중적으로 브랜드와 제품을 홍보할 수 있다. 그 때문에 팝업 스토어는 인스타그램 등 SNS에 공유하기 좋은 포토존과 이벤트를 제공해 젊은 소비자들의 관심을 끈다. SNS를 활발히 사용하는 MZ세대는 팝업 스토어에서의 특별한 경험을 온라인에 공유하는데, 한정된 기간에 운영되는 만큼 많은 사람의 관심과 호기심을 유발해 방문을 유도한다. 이러한 체험형 마케팅의 홍보 효과는 자연스럽게 유동인구를 증가시킨다.

②지역 활력 및 이미지 개선

팝업 스토어는 브랜드가 트렌드를 선도 중이라는 이미지를 구축하는 데 도움을 준다. 이는 브랜드가 새로운 시도를 하고 있다는 인식을 심어주며 젊은 세대의 관심을 끈다. 트렌드에 앞서는 지역에서는 최신 패션, 뷰티, 라이프스타일 유행을 빠르게 반영하고, 이를 팝업 스토어를 통해 소비자들이 직접 경험하게 한다. 팝업 스토어가 있다는 것만으로 해당 상권이 최신 유행을 선도하고 있다는 이미지가 강화되며 상권이 활성화된다. 젊은 소비자들이 SNS에 공유하는 팝업 스토어에서의 특별한 경험은 자연스럽게 해당 지역의 인지도와 매력을 높이고 세련된 이미지를 강화한다. 성수동에서 근무하는 30대 남성은 "주변 사람들은 제가 성수동에서 일한다고 하면, 회사가 트렌디하다는 이미지를 가지나 봐요. 친구들과 저녁 약속을 잡을 때도 자신들이 성수동으로 오겠다고 하더라고요"라며 지역의 매력과 활력이 높아지는 것을 체감하고 있다고 한다.

또한 팝업 스토어는 단순한 상업 공간을 넘어 문화와 예술을 결합한 복합 공간으로 진화하고 있다. 예술 전시, 라이브 공연 등 다양한 문화적 요소가 섞여 방문객에게 다채로운 경험을 제공하며 지역의 이미지를 혁신적으로 만든다.

③효율적인 공간 사용

팝업 스토어는 단기 임대로 빈 공간이나 유휴 공간을 효율적으로 활용한다. 독특한 공간 연출과 다양한 테마, 디자인으로 꾸며진 팝업 스토어는 건물주에게 임대료 수익을 제공하는 동시에 상권에 새로운 활력을 불어넣으며, 방문객들에게 신선한 경험을 제공한다. 핫 플레이스로 불리는 성수동이나 신사동 가로수길 거리에서는 '팝업', '대관' 등을 써 붙인 현수막을 쉽게 찾아볼 수 있다. 수요가 증가함에 따라 건물주들도 팝업 스토어를 선호하게 되었으며 아예 공간을 임대차가 아닌 팝업으로만 운영하는 경우도 볼 수 있다.

'프로젝트 렌트'는 2018년에 시작된 성수동의 팝업 스토어 플랫폼이다. 다양한 브랜드와 협업해 창의적이고 흥미로운 팝업 스토어를 기획하고 운영하는 공간이다. 단순히 공간을 빌려주는 것이 아니라 공간을 활용해 흥미로운 팝업 스토어를 기획하는 것이 프로젝트 렌트의 차별점이다. 비즈니스 모델은 유휴 공간을 장기간 임대해 팝업 스토어를 선보이는 것이다. 최소 2주에서 최대 3개월 내외로 대관해 공간을 효율적으로 활용한다. 성수동은 트렌디한 지역으로 자리 잡으며 다양한 브랜드의 팝업 스토어가 열리는 장소로 유명해졌다. 프로젝트 렌트는 이러한 성수동에서의 성공을 바탕으로 이대, 영등포, 역삼 등 8곳의 공간을 운영하며 300여 개의 팝업 스토어를 진행해오고 있다. 프로젝트 렌트가 알려지자 국내에서도 유사한 비즈니스 모델이 많이 생겨나고 있다.

최근에는 백화점에서도 팝업 스토어를 운영한다. 더현대서울은 패션, 뷰티, 굿즈, 액세서리 등 여러 분야의 브랜드와 협업해 팝업 스토어를 개최한다. 예를 들어 카카오의 인기 캐릭터 '망그러진 곰' 팝업 스토어와 디즈니의 100주년 기념 팝업 스토어가 있었다. 국내에서 흥행한 드라마 〈선재 업고 튀어〉를 테마로 진행한 팝업 스토어도 있었다. 이 스토어는 드라마 캐릭터와 스토리를 기반으로 다양한 굿즈와 체험형 콘텐츠를 제공해 팬들에게 큰 인기를 끌었다. 이러

프로젝트 렌트 5호점　　　　　　　　　　　出처_프로젝트렌트 홈페이지

한 이벤트를 통해 더현대서울은 온·오프라인 통합 집객효과를 극대화하며 2023년 연매출 1조 원을 달성했다.[23] 이는 소비자들의 욕구를 오프라인에서 채워주고, 끊임없는 화제성을 유지해 거둔 결과로 볼 수 있다. 더현대서울은 팝업 스토어의 필수 코스로 자리 잡아, 업체들이 입점을 위해 치열하게 경쟁하며 최소 몇 개월의 대기 기간이 소요된다고 한다.

신세계백화점 강남점에 위치한 스위트파크는 다양한 디저트 팝업 스토어가 입점하는 장소로 유명하다. 맘모롱으로 유명한 부산의 인기 빵집 '초량온당' 팝업 스토어가 이곳에서 열렸었는데, 거리가 멀어 맛보기 어려운 빵을 짧은 기간 서울에서 접할 수 있는 기회를 제

드라마 〈선재 업고 튀어〉 팝업 스토어　　　　　출처_현대백화점

공했다. 이 팝업 스토어는 평균 대기 시간이 2~3시간일 정도로 많은 인파를 모았으며 오픈런 현상이 일어났다.

팝업 스토어는 MZ세대를 겨냥한 효과적인 마케팅 도구로 자리 잡았으며, 유통업계는 이를 통해 브랜드 경험을 극대화하고 빠른 소통을 도모하고 있다. 이는 소비자 경험을 강화하고, 신속한 시장 테스트를 가능하게 하며, 상권 활성화와 공간 활용의 유연성을 제공한다. 또한 브랜드뿐만 아니라 지역 입장에서도 트렌디한 이미지를 구축하는 데 도움이 된다. 이러한 이유들로 인해 팝업 스토어는 상권 트렌드에서 빼놓을 수 없는 중요한 요소로 작용하고 있다.

브랜드의 얼굴 '플래그십 스토어'

플래그십 스토어Flagship Store란 브랜드의 정체성을 가장 잘 나타내는 대표 매장을 의미한다. 이러한 매장은 제품을 판매하는 장소를 넘어서 브랜드의 철학, 역사, 비전을 고객에게 전달하는 중요한 역할을 한다. 플래그십 스토어는 다음과 같이 일반 매장과 구분되는 몇 가지 차이점을 갖고 있다.

①브랜드 아이덴티티의 집약

플래그십 스토어는 브랜드의 정체성을 집약적으로 표현하는 공간이다. 인테리어 디자인, 상품 디스플레이, 고객 서비스 등 모든 요소가 브랜드의 철학과 가치를 반영하도록 설계된다.

②독특한 쇼핑 경험 제공

플래그십 스토어는 고객에게 특별한 쇼핑 경험을 제공한다. 이를 위해 첨단 기술을 활용한 인터랙티브 디스플레이, 체험존, 이벤트 공간 등을 꾸리기도 한다. 고객은 이 공간에서 쇼핑만 할 수 있는 게 아니라 브랜드 세계를 직접 체험할 수 있다.

③한정판 및 특별 상품

많은 플래그십 스토어가 해당 매장에서만 구입할 수 있는 한정판 제품이나 특별 에디션을 제공한다. 이는 고객들에게 매장을 방문할 동기를 부여하고, 브랜드에 대한 충성도를 높이는 데 기여한다.

④문화 및 예술과의 결합

일부 플래그십 스토어는 예술 전시, 라이브 공연, 워크숍 등 다양한 문화 행사를 개최해 브랜드와 문화적 경험을 결합한다. 고객들은 브랜드를 더 깊이 이해하고, 브랜드와 감성적으로 연결될 수 있다.

브랜드의 정체성과 가치를 표현하는 대표 공간인 플래그십 스토어는 전략적으로 위치를 선정한다. 상징적이거나 유행에 앞선 장소에 자리 잡는 것이 보통이다. 예를 들어 뉴욕의 5번가, 파리의 샹젤

리제 거리, 서울의 강남대로 등 주요 도시의 중심가에 위치해 많은 유동인구와 접근성을 확보한다. 이러한 이유로 플래그십 스토어는 종종 관광 명소가 되는데, 애플 스토어나 나이키의 플래그십 스토어는 그 자체로 관광객이 방문하는 이유가 되어 지역 이미지를 높이는 데 기여한다. 특히 유명 브랜드의 플래그십 스토어는 상권의 이미지를 고급스럽고 세련되게 만든다. 예를 들어 디올이나 샤넬과 같은 명품 브랜드의 플래그십 스토어가 있는 지역은 자연스럽게 고급 상권으로 인식된다.

서울의 대표적인 플래그십 스토어 상권으로는 명동, 강남, 홍대, 가로수길, 한남·이태원, 청담 등이 꼽힌다. 플래그십 스토어는 상권 활성화, 관광 명소화, 브랜드 이미지와 상권 이미지 제고, 문화적 허브 역할, 혁신과 트렌드 선도 등 다양한 측면에서 상권에 중요한 역할을 한다. 이러한 이유들로 플래그십 스토어는 상권의 발전과 성공에 필수적인 요소로 인식된다.

도시를 점령한 팝업&플래그십 스토어

팝업 스토어와 플래그십 스토어는 서울의 여러 지역에서 다양한 형태로 운영되고 있으며, 지역마다 특색 있는 상권을 형성하고 있다. 팝업 스토어와 플래그십 스토어는 상권의 특성을 이해하는 데 중요한 역할을 하는 만큼, 지금부터는 서울의 대표적인 상권 6개와 그곳에서 운영되는 매장의 특징을 살펴보려 한다.

①가로수길(세로수길)

가로수길의 팝업 스토어는 주로 최신 트렌드를 반영한 패션, 뷰티, 라이프스타일 브랜드들이 차지하고 있다. 이곳은 패션과 뷰티 업체가 새로운 제품을 선보이고 브랜드 경험을 제공하는 상권으로 경제적으로 여유 있는 20대 후반에서 40대 초반의 여성 소비자들이 주요 타깃이다.

딥디크 가로수길 플래그십 스토어　　　　　　　　출처_신세계 인터내셔널

프랑스의 유명 향수 브랜드 '딥디크'는 2019년 가로수길에 팝업 스토어를 오픈했었다. 매장 내부는 브랜드 특색을 살린 인테리어로 꾸미고 향수를 시향하고 구매하기에 최적화되어 있었다. 이후 2022년 국내 첫 플래그십 스토어를 오픈했는데, 파리 본점을 포함해 런던, 로마, 뉴욕, 도쿄 등 전 세계 주요 도시에서 운영 중인 단독 매장 중 가장 큰 규모였다.

일명 '블랙핑크 키링'으로 유명한 모남희 역시 신사동에서 팝업 스토어를 진행했다. '모남희'는 대구에서 시작된 소품샵으로 키링이 큰 인기를 끌었다. 연예인과 인플루언서들의 '애착템'으로 알려지며 화제가 됐으며 '블핑이' 등 키링 상품은 오픈런 현상을 일으키기도 했다.

모남희 팝업 스토어　　　　　　　　　　　　　　　　　출처_IPX

②명동

서울의 대표적 관광지 명동은 외국인 관광객이 많은 만큼 이들을 타깃으로 한 화장품과 패션 브랜드의 팝업 스토어와 플래그십 스토어가 있다. 다양한 브랜드의 플래그십 스토어가 밀집해 있어 한 매장의 방문이 쇼핑의 연장선으로 자연스럽게 이어지고 있다.

명동에는 국내 올리브영 매장 중 가장 큰 규모로 운영되는 명동타운점이 있다. 일평균 방문객 수가 약 3,000명에 달하며 매장 면적은 350평에 육박한다.[24] 이 매장은 글로벌 특화 매장으로 영어, 중국어, 일본어 안내 서비스를 제공하고, 전용 모바일 페이지와 3개 국어로 표시된 상품명 전자라벨을 활용한다. 외국어 소통이 가능한 직원이

올리브영 명동타운점　　　　　　　　　　　출처_네이버지도 거리뷰

다수 배치되어 있어 외국인 관광객의 편리한 쇼핑을 돕고 있다.

③성수동

디올, 버버리 등 럭셔리 브랜드가 대규모 팝업 스토어를 열면서 성수동은 '팝업 스토어의 성지'로 자리 잡았다. 매주 수십 개의 팝업 스토어가 열리는 성수동은 젊은 층과 외국인 관광객에게 큰 인기를 끌고 있다. 성수동으로 향하는 MZ세대의 발걸음을 따라 다양한 브랜드들이 마케팅을 펼치기 위해 이곳에 팝업 스토어를 집중적으로 열고 있다.

그중에서도 상징적인 '디올 성수'는 2022년 5월에 오픈한 디올의

디올 성수   출처_디올 웹사이트

두 번째 국내 단독 매장이자 첫 번째 컨셉 스토어로 2025년까지 한시적으로 운영될 예정이다. 이 매장은 프랑스 파리의 크리스찬 디올 플래그십 스토어를 축소한 형태로 설계되었으며, 기존 건물에 입주하는 대신 새로운 건물을 지어 막대한 투자를 한 것이 큰 화제가 되었다. 디올 성수가 트렌디한 카페와 문화 공간들 사이에 위치한 덕에 성수동은 고급 명품 브랜드와 젊은 세대의 감성을 동시에 담아내는 독특한 지역으로 거듭났다. 매장의 유리 커튼월 파사드와 정원 조성은 방문객이 도심 속 자연을 즐길 수 있도록 해 지역의 이미지를 더욱 고급스럽게 만들었다.

디올 팝업 스토어는 명품이 집중된 유통 상권에서 벗어나 성수동에 처음 입성한 사례. 디올을 방문하는 사람들은 주변 카페, 레스토랑, 소규모 상점들을 함께 방문하게 되는 만큼, 성수동의 경제적 활력도 높아졌다. 또한 디올 매장을 찾는 외국인 관광객이 증가하면서 성수동이 국제적인 명소로 자리 잡게 되었다.

④홍대

홍대는 20~30대 젊은 층과 외국인 관광객의 증가로 인해 다양한 이벤트가 지속적으로 열리고 있다. 특히 예술과 음악의 중심지인 만큼 팝업 스토어에서도 이러한 문화적 요소를 많이 반영하고 있으며 스트리트 아트, 라이브 공연, 창의적인 전시 등이 진행되기도 한다. 홍대의 활기찬 분위기를 반영하고 트렌디한 소비층을 타깃으로 한 다양한 행사가 있다. 이니스프리×무신사, 미니언즈×마녀공장 등 다양한 브랜드가 컬래버레이션 하며 팝업 스토어를 열어 관심을 모으기도 했다.

홍대에 위치한 서울의 첫 번째 무신사 오프라인 플래그십 스토어는 지하 1층부터 지상 3층까지 총 4개 층으로 구성되어 있다. 이 매장은 온라인 쇼핑 경험을 오프라인 매장에서도 동일하게 제공하는 점이 가장 큰 특징이다. 상품마다 QR 코드를 부착해 고객이 이를 스캔하면 실시간 가격과 할인 정보를 확인할 수 있고, 고객이 직접 상품을 체험하고 구매할 수 있는 공간도 제공한다. 무신사 홍대 플래그십 스토어는 서울 첫 오픈을 시작으로 오프라인 거점을 확대할 계획이다. 또한 이곳에서는 홍대의 로컬 문화를 반영하기 위해 '수비

무신사 홍대 플래그십 스토어　　　　　　　　　　　출처_무신사 웹사이트

니어 숍' 코너를 운영 중이다. 로컬 수비니어 숍에서는 지역 특색을 살린 다양한 상품들이 판매된다. 이는 방문객에게 홍대 지역의 독특한 분위기와 문화를 담은 기념품을 제공함으로써 특별한 쇼핑 경험을 선사한다.

⑤북촌

북촌은 전통 한옥의 고풍스러운 분위기가 풍기는 곳으로, 팝업 스토어에도 이러한 분위기가 반영되어 전통과 현대가 결합된 디자인을 많이 선보인다. 브랜드의 정체성과 한국적 미감을 동시에 느낄 수 있는 독특한 장소로 사랑받고 있다. 또한 북촌은 예술가와 공예가들이 많이 모여 있는 지역인 만큼 팝업 스토어에서도 예술 작품 전시나 공예 체험 이벤트를 많이 진행하고 있다. 대형 브랜드보다는 로컬 브랜드와 소규모 상점들이 팝업 스토어를 운영해 지역 특색을 살린 상품을 판매한다.

북촌에 위치한 '설화수의 집'은 1930년대 한옥과 1960년대 양옥을 결합한 약 300평의 공간으로, 설화수의 브랜드 철학과 한국의 전통미를 담아냈다. 방문객들은 다양한 뷰티 제품과 맞춤형 스킨케어 서비스를 경험할 수 있으며, 전통 차를 즐길 수 있는 티하우스와 아름다운 정원도 갖춰져 있어 편안한 휴식을 느낄 수 있다. 한국의 미를 체험하려는 관광객과 뷰티 애호가들에게 필수 방문지로 여겨진다.

⑥압구정 로데오

압구정 로데오는 다양한 팝업 스토어와 플래그십 스토어가 공존하는 지역이다. 이 지역은 럭셔리 브랜드와 최신 유행을 반영한 패션 브랜드 매장이 많아 오픈런 현상이 자주 발생한다. 평일과 주말을 가리지 않고 사람들로 북적이는데, 특히 젊은 층과 패션 애호가들에게 큰 인기를 끌어 활기찬 상권을 유지하고 있다. 더불어 베이글, 추로스, 도넛 등 특색 있는 디저트 매장이 골목 곳곳에 있어 평일

낮에도 대기가 많으며 주말에는 1~2시간 대기가 흔하다.

압구정 로데오에는 프랑스의 명문 구단 파리 생제르맹(PSG)의 플래그십 스토어가 있다. 총 3층으로 구성된 매장에서는 각 층마다 다양한 경험과 상품을 제공한다. 1층에는 카페가 있어 경기 영상이 상영되는 공간에서 방문객이 여유롭게 시간을 보낼 수 있다. 2층은 의류와 유니폼을 판매하는 공간인데 '이강인 유니폼'처럼 한국적 요소가 가미된 상품도 있다. 3층에는 굿즈가 전시되어 있으며 기념 사진을 찍을 수 있다. 이곳 역시 단순한 쇼핑 공간 이상으로 국내 팬들이 구단을 더욱 가까이서 경험할 수 있는 기회를 제공한다.

PSG 플래그십 스토어 서울　　　　　　　　　　　출처_PSG 웹사이트

이처럼 서울의 다양한 곳에서 각 지역의 특성과 분위기에 맞춰 팝업 스토어와 플래그십 스토어가 운영되고 있다. 이들 매장은 지역의 상권과 소비자 트렌드에 큰 영향을 받는다. 그래서 상권의 분위기와 소비자 취향을 반영한 위치 선정이 브랜드 성공의 중요한 요소가 된다. 예를 들어 성수동은 트렌디하고 젊은 세대가 모이는 지역으로 디올 등 명품 브랜드들이 이곳에 팝업 스토어를 열어 성공을 거두었다. 반면 명동은 외국인 관광객이 많이 찾는 지역으로 올리브영 명동타운점 같은 대규모 플래그십 스토어가 다양한 언어 서비스를 제공하며 인기를 끌고 있다. 이러한 매장들은 소비자에게 독특한 경험을 제공하고 브랜드 가치를 효과적으로 전달하는 중요한 마케팅 도구다.

핫 플레이스를 찾아가고, 기다리고, 맛보는 일련의 과정이 현대 소비문화의 트렌드로 자리 잡고 있다. 리테일이 새로운 체험을 제공하는 '경험 공간'으로서의 의미가 강해지면서 다양한 형태의 공간이 등장했다. 특히 팝업 스토어와 플래그십 스토어가 상권에 미치는 영향은 상당하다. 이들은 상점 자체로 목적지가 되기에 상권에 직접적인 유동인구를 유발하고, 대기 인원이 지역에서 다양한 활동을 전개한다는 점에서 상권 활성화를 도모한다. 또한 브랜드 및 지역 인지도 강화, 부동산 가치 상승 등 여러 측면에서 상권을 흔들어 놓고 있다.
상권 변화는 상당히 빠른 속도로 일어나고 있으며, 서울의 여러 상권 또한 마찬가지다. 요즘 소비자들은 상품의 가격뿐만 아니라 비가격적인 요소에 더 큰 관심을 가지며 차별화된 상품을 찾는 경향이 있어 이에 대한 새로운 이해와 논의가 필요하다. 상권은 이러한 트렌드를 적극 반영해 방문자에게 차별화된 경험을 제공하고, 긍정적인 변화와 성장을 도모해야 한다.

서브컬처가 살아있는 4세대 홍대

지금 4세대 홍대는 힙스터의 카페 문화와 오타쿠 문화, 케이팝 문화 등 다양한 대중문화와 서브컬처가 결합, 공존하고 있는 곳으로 그 어떤 지역보다도 서울스러운 역동적인 공간이 되어가고 있다.

엔데믹 이후 2023년, 국내 2030세대를 대상으로 한 주말 유동인구 수 1위를 새롭게 탈환한 지역은 홍대 상권이었다.[25] 코로나19가 지나간 후 외국인 체류객과 국내 10~20대가 이곳에 몰리면서 소비가 집중적으로 이어졌다. 우리나라가 유독 젊은 연령층의 소비공간에 주목하는 이유는 다른 국가와 달리 한국에서는 대중문화의 확산에 있어서 10~20대의 영향력이 막강하기 때문이다. 구매력 측면뿐 아니라 다른 세대의 소비문화를 견인한다는 측면에서도 그렇다. 트렌드 세터인 그들이 지금 가는 곳이 바로 홍대다.

홍대는 어떻게 덕후의 성지가 되었나

소비 트렌드가 가장 빠른 곳이자 한때 클럽 문화의 중심지로 알려졌던 홍대입구는, 최근 '덕후 동네'로 변화하고 있다. X(전 트위터)에서 많은 리트윗을 이끌어낸 '2024 홍대 오타쿠 지도'를 보면 합정역에서 홍대역, 연남동까지 도보로 30분이 소요되는 2km 길에 크고 작은 상업공간이 빼곡하다. 해당 지도를 본 '덕후'들은 자신이 경험한 취미공간을 엮는 최적동선을 공유하며 자기만의 지도를 빠르게 확산해냈다. 이들은 블로그와 유튜브를 통해 취미공간에 대한 경험을 기록하고 굿즈를 소비하거나 직접 제작한다. 국내 서브컬처와 덕후 문화의 중심지로서 홍대입구-합정-연남 지역은 고유의 지역적 정체성과 커뮤니티, 문화적 자본, 접근성 등의 요소가 결합해 더욱 강력한 문화 플랫폼이 되고 있다.

한국에서 덕후 문화는 최근 몇 년간 급속도로 발전하며 대중 속으로 스며들고 있다. 덕후라는 용어는 일본에서 넘어온 '오타쿠'라는 말에서 나왔다. 원래 극단적인 마니아를 지칭하는 용어로 부정적으로 사용되곤 했으나, 한국 사회에 맞게 흡수된 후에는 다양한 하위 문화에서 덕질(취미), 덕후부심(충성심), 덕후력(충성심의 정도) 등의 긍

홍대 오타쿠 지도   출처_X, @otaku_meme_

정적 용어를 파생해내고 있다. 덕후는 더 이상 특정 연령대나 취미, 애니메이션에 국한되지 않고 취미와 취향을 공유하는 다양한 분야의 마니아들과 팬, 세계관, 소비문화까지 아우르는 개념으로 확장되었다. 콘텐츠가 넘쳐흐르는 세상에서, 서브컬처는 대중문화의 다양한 장르 중 일종의 상업적 코드로 각광받고 있다. 이러한 트렌드 변화에 따라 상업 공간의 활용 방식도 변화한다. 특정 기간에 행사가 진행되면 비어 있던 공간이 활용되며 부동산 시장의 유동성이 증가하는 등이다. 조용히 진화하는 서브컬처가 대세가 된 요즘의 핫 플레이스 중심지, 홍대에 대해서 살펴본다.

홍대입구역에서 합정역까지 이어지는 1.5km의 도보 거리는 두 개의 주요 매장, 애니플러스와 애니메이트 덕분에 덕후들의 필수 코스로 자리 잡았다. 두 곳은 애니메이션 제작사의 직영점으로, 특정 캐릭터 IP와 관련된 콘텐츠 상품을 판매하고 전시하는 서울의 유일한 매장인 만큼 애니메이션 팬들에게는 성지와 같은 장소다. 두 매장에서는 실물 크기 피규어, 한정판, 희귀 아이템 등 차별화된 상품들을 판매한다. 또한 주기적으로 다양한 애니메이션 IP 콘텐츠와 컬래버레이션한 식음료 메뉴를 제공해 팬들의 재방문을 이끌어낸다.[26] SNS에서는 이곳의 다양한 이벤트와 MD상품이 꾸준히 화제가 된다.

특히 홍대입구역의 AK플라자 애니메이트는 지방에서 KTX를 타고 서울역을 거쳐 방문하는 국내 방문객이나 인천공항에서 공항철도를 타고 오는 외국인 관광객 모두 쉽게 오갈 수 있어 훌륭한 접근성을 자랑한다. AK플라자 홍대는 2021년, 개장 3년 만에 덕후를 위한 공간으로 대대적인 변신을 시도했다. 쇼핑몰에서 전통적으로 여성복, 남성복 등이 차지하는 핵심층인 5층을 애니메이트와 굿즈샵, 콜라보 카페로 재단장한 것이다. 일찍이 서브컬처의 가치를 인식한 홍대가 그 중심지로 자리 잡게 된 배경이다. 애니메이트가 홍대 AK플라자에서 리뉴얼 오픈했을 당시는 평균 대기 시간이 3시간에 달할 정도로 높은 인기를 누렸다. 매장의 특별한 상품과 경험이 팬들에게 얼마나 큰 매력이 되는지를 보여준다.

덕후들의 '수집'이라는 행위는 물건의 단순한 소유 이상으로 다양한 심리적 요소와 관련이 있다. 먼저 수집은 소유하는 기쁨을 넘어 취향과 정체성을 표현하는 수단이 된다. 또한 어린 시절의 추억과

합정역 애니플러스

연결되어 있어 과거의 행복했던 순간을 떠올리거나 어릴 적 소유할 수 없던 것을 가짐으로써 새로운 성취감을 느낄 수도 있다. 수집가들은 서로의 피규어를 거래하거나 교환하며 네트워킹을 강화한다. 희귀한 아이템일수록 수집의 재미가 생기고, 또 시간이 지남에 따라 그 가치가 상승할 수도 있다. 일부 수집가들은 수집을 일종의 투자로 인식하기도 한다.

　홍익대학교 입구 삼거리는 가장 유동인구가 많은 길목 중 하나지만, 높은 임대료 때문에 오랜 기간 공실이 심각했었다. 그곳에 현재 알라딘 중고매장을 연상시키는 애니메이션 굿즈 피규어 중고점이 생겼다. '라신반'이라는 이 가게에서는 중고 굿즈와 피규어를 구매할 수 있으며 자신의 굿즈를 판매할 수도 있다. 라신반은 입고와 품절 소식을 X에서 실시간으로 공지한다.

홍대AK플라자 애니메이트　　　　　　　　　　출처_애니메이트 서울홍대점 X

중고 굿즈 매장 라신반

아키바코믹스

2024년 5월, '걷고 싶은 거리'와는 달리 공실이 극심했던 홍대 앞 삼거리 상권에 새로 들어선 것은 만화카페였다. 새롭게 오픈한 만화카페 '아키바코믹스'에서는 잡지와 국내외 만화를 모두 볼 수 있을 뿐 아니라 LP 청음 코너도 있고 유튜브, 넷플릭스, 티빙 등도 이용할 수 있다. 온·오프라인의 모든 콘텐츠를 아늑한 만화 굴방에서 즐길 수 있는 것이 장점이다. 그 덕에 아날로그와 디지털을 넘나들며 경험하는 소비자에게는 천국과 같은 공간이라는 평을 받고 있다.

동네카페의 깜짝 변신 '생일카페'

홍대 지역은 요즘 유행하는 무인 사진촬영 점포 못지않게 생일카페가 가장 밀집되어 있는 곳이기도 하다. 생일카페란 케이팝 아이돌의 생일을 기념하기 위해 팬들이 직접 카페를 대관하여 아이돌의 사진으로 꾸민 공간이다. 오픈 기간은 주로 연예인의 생일을 기준으로 전후 일주일 이내이며, 그 기간에는 연예인의 포스터, 액자, 현수막 등으로 카페가 꾸며진다. 최근에는 아이돌뿐만 아니라 배우, 애니메이션 캐릭터, 운동선수, 심지어는 과학자를 위한 생일카페 등으로 확대되어 하나의 취미 향유 방식으로 자리 잡았다.

생일카페는 팝업 스토어와 다르게 별도의 대관료가 들지 않거나 매우 적다는 점이 특징이다. 이는 팬들이 찾아와 자발적으로 콘텐츠를 채우고 매출을 올려주기 때문이다. 유동인구가 적고 알려지지 않은 골목 카페 입장에서는 새로운 매출 확보의 기회를 얻고, 다양한 취향과 관심사를 가진 고객층을 유치할 수 있다는 장점이 있다. 또 팬들의 입장에서는 같은 관심사를 가진 사람들이 모여 관련 대화를 나누고 굿즈를 교환하는 커뮤니티 공간을 구할 수 있다는 점에서 상생의 관계가 있다. 이처럼 동네 카페는 운영하기에 따라 다양한 형태의 비즈니스로 발전시킬 수 있는 잠재력이 있다.

홍대 지역의 생일카페

젊은 고객을 사로잡은 취향 가득 문구점

홍대를 찾는 젊은 인구가 이 지역을 방문하는 이유 중 하나는 다름 아닌 문구점이다. 홍대에서는 개성이 돋보이는 다양한 콘셉트의 문구점을 찾을 수 있다. 인기 있는 캐릭터 크리에이터가 직접 굿즈를 제작하고 판매하는 문구점(오브젝트, 메이드 바이 홍대)뿐만 아니라 연필(흑심), 마스킹 테이프(롤드테이프) 등 단일 용도의 물건만을 판매하는 문구점도 인기를 모으고 있다.

'머쉬룸 페이퍼 팜'은 인스타그램에서 다이어리와 기록을 주제로 활동하는 인플루언서들이 만든 다이어리 전문 문구점으로 2023년 7월 홍익대학교 놀이터 근처에 2층 규모의 상설매장을 오픈했다.[27] 다이어리의 구성품과 종이의 실물을 보고 살 수 있다는 장점이 있어 학생뿐만 아니라 3040세대, 외국인 관광객 등에게도 반응을 얻고 있다. 자유롭게 탐험하는 유형, 개성을 담아 수집하는 유형, 꾸준히 관찰하는 유형, 부지런하게 분석하는 유형 등 4가지로 기록 유형을 구분해놓아 개인의 성향과 라이프스타일에 맞는 기록용 문구를 구입할 수 있다. 또한 다양한 인플루언서의 기록 방식을 살펴볼 수 있고, 자신의 기록 생활을 인증할 수 있으며 인기를 얻으면 속지를 제안해 제작할 수 있다. SNS를 통해 자신의 취미생활을 인정받고 수익을 얻는 구조가 이루어지면서 온·오프라인을 넘나드는 거대한 취미 플랫폼이 유기적으로 연결되고 있다.

머쉬룸 페이퍼 팜

4세대 홍대의 경쟁력

'홍대병'이라는 이름으로 한때 조롱의 대상이 되기도 했던 홍대 지역 특유의 문화가 새롭게 주목받고 있다. 홍대 사람들이 추구하는 서브컬처에서 유래한 '자기과시', '예술가적 자아', '비주류', '인디 음악' 등의 취향과 분위기는 최근 들어 사회적 다양성과 창의성을 촉진하는 데 기여할 수 있다고 인정받는 추세다. 덕후 문화도 마찬가지다. 무언가의 '덕후'가 되어가는 과정이 칭송받는 시대다. 이는 젊은 세대가 치열한 경쟁과 현실적인 어려움 속에서도 각자의 정체성과 성향에 맞게 스스로의 행복을 찾아가려는 노력의 일환으로 볼 수 있다. 또한 요즘 덕후들의 취미는 수익 창출로 연결되기도 한다. 다양한 문화가 파생되고 결합하는 사회적 분위기 속에서 사람들은 자신의 취미나 열정을 수익으로 연결할 수 있다. 디지털 기술의 발전과 소셜미디어 확산의 힘을 얻어 더 많은 사람이 자신의 취미로 부가적 수익을 얻거나 심지어 직업으로 전환할 수 있는 기회가 생기고 있다.

우리가 홍대를 구성하는 '서브컬처'에 주목해야 하는 이유는 이것이 대중문화와 연결되는 방식 때문이다. 서브컬처는 콘텐츠의 홍수 속에서 그 희소성과 참신함, 화제성 덕에 일종의 상업적 코드로 각광받으며 대부분의 대중문화 장르에서 위상을 넓혀가고 있다. 서브컬처에서 발견된 참신함은 대중문화로 전파되고, 대중문화는 서브컬처를 닮아간다. 또한 서브컬처의 정서를 의도적으로 연출해 특수한 효과를 얻으려는 시도도 늘고 있다. 이는 저예산으로 단기간에 제작된 것처럼 꾸미거나 자유롭고 자극적인 스타일을 추구하는 콘텐츠에서 잘 드러난다. 서브컬처는 더 이상 일부의 별난 취미가 아니다. 대중문화 속에서 서브컬처의 존재감은 점점 더 커지고 있다.

도심 내 핫 플레이스에는 같은 공간에서 다른 '세대'가 경험한 기억이 다층적으로 공존한다. 1세대 홍대는 1990년 초반까지 홍익대학교 미술대학의 영향으로 문화실험과 미대생의 작업실 문화가 고급 카페 지역까지 뻗어나갔다. 2세대 홍대는 2000년대 클럽 문화와 플리마켓, 홍대 인디음악 등 주류 대중문화와 대안적 삶을 추구하는 예술문화가 공존하는 지역이었으며, 3세대는 2010년 경의중앙선과 공항철도의 개통으로 외국인 관광객과 유동인구가 늘어나며 본격적 상업화의 길로 들어서게 된 시기다. 실험적 문화로 홍대의 지역성과 정체성을 만들어간 예술가와 상인들이 높은 임대료를 견디지 못하고 연남동, 망원동 등 주변 지역으로 밀려나 젠트리피케이션Gentrification 논의가 시작된 상징적인 지역이기도 하다.

지금 4세대 홍대는 힙스터의 카페 문화와 오타쿠 문화, 케이팝 문화 등 다양한 대중문화와 서브컬처가 결합, 공존하고 있는 곳으로 그 어떤 지역보다도 서울스러운 역동적인 공간이 되어가고 있다. 다양한 하위문화를 만들고 해당 지역에서만 소비할 수 있는 브랜드가 많을수록 지역성이 강화된다는 점에서 홍대의 사례는 고무적이다. 과거 외국의 키치한 문화공간을 모방해 소비하던 곳에서 스스로 진화해 지역의 색깔을 찾은 홍대의 경쟁력을 새로운 시선으로 살펴볼 필요가 있다.

전세사기는
사회적 재난이다

전세사기 범죄자들은 부동산 시장의 거래 질서를 황폐화하고 있으며, 정부는 이를 방기하면 안 된다. 현재 법원의 판결 역시 바지 집주인에게만 가 있고 사기의 본질인 중개인과 옛 건축주에게는 닿질 않고 있다.

전세사기는 어쩌다 한국 사회를 뒤덮었을까?

하루아침에 평생 모은 돈을 앗아가며 수천 명의 일상을 무너뜨린 전세사기. 아마 이 글을 읽는 독자 여러분도 주변에서 한 번쯤은 전세사기 피해자를 만났거나 본인이 피해를 당했을 수도 있다. 피해자들은 비참한 마음으로 하루하루 견디고 있지만 그들의 재산과 심적 피해는 회복이 요원해 보인다. 필자는 전세사기가 구조적 문제이며 분명한 사회적 재난이라는 생각에 이 문제를 심층적으로 바라볼 필요성을 느끼고 이 책에 특별 부록으로 신게 됐다.

전세사기는 '빌라왕', '건축왕' 등의 뉴스로 떠들썩했던 2022~2023년에 집중적으로 피해가 발생했다. 잘 알려진 서울시 화곡동과 인천시 미추홀구 외에도 전국에서 다발적으로 문제가 나타났다. 잠정적인 피해액은 서울시 3,500억 원, 인천시 미추홀구가 1,500억 원, 대전시 2,500억 원, 부산시 428억 원에 달한다. 피해 규모를 봤을 때 이건 개인의 행동이 아닌 조직범죄인 경우가 대부분이라 봐야 한다. 전세사기는 앞으로도 계속 나올 것이고 사회문제로 자리 잡을 가능성이 크다. 전세사기의 본질과 원인, 해결책을 진지하게 논의해야 할 시점이다.

필자가 전세사기를 사회적 재난으로 보는 이유는 이 범죄가 사회적 약자를 대상으로 하며 구조적으로 반복되고 있기 때문이다. 전세사기는 요즘 시대에 와서 새로 생긴 범죄가 아니다. 이미 100년 전에도 전세사기가 있었다. 1933년 〈조선일보〉 기사에는 "없는 집을 자기 것처럼 해서 노파를 속여 보증금을 편취했다"는 내용이 나온다.[28] 지금과 똑같은 형태다. 시간이 더 지나 1960~80년대는 산업화에 따른 도시 주택 수요의 폭발로 전세사기가 횡행했다. 당시 언론 기사 제목은 지금 그대로 써도 손색없을 정도다. 문제가 구조적으로 반복되고 있으며 과거와 지금의 양상이 매우 흡사하다는 것이다. 100년 전부터 존재했던 문제라면 국가가 분명히 법적으로 조치를 취했어야 한다. 이 문제를 방치한 결과가 현재다. 전세사기가 최소한 일부라도 정부 책임이라고밖에 볼 수 없는 이유다. 사기 피해를 개인에게 돌릴 문제가 아니다.

전세사기 피해자를 보면 이 범죄의 대상이 일부 계층에 집중되어 있다는 것을 알 수 있다. 공간적으로 보자면 서울시 강서구 화곡동, 인천 미추홀구 등 빌라가 많은 곳에서 피해가 발생했다. 빌라는 아파트에 비해 상대적으로 열위재인 주택 유형으로 서민들의 보금자리 역할을 한다. 이런 빌라와 오피스텔에서 전체 전세사기의 70% 이상이 발생하고 있다.[29] 또한 세대적 측면에서 보더라도 피해자의 연령대가 집중되어 있다. 2030 청년 세대가 전체 피해자의 70% 이상을 차지한다.[30] 피해 범위가 공간적으로 밀집되어 있고, 그 중에서도 특정 세대를 향한다는 것은 전세사기가 취약 계층을 타깃으로 한 범죄임을 시사한다.

전세사기의 대표적 유형

지금 전세를 살고 있는 사람들도, 앞으로 전세로 거주할 생각을 가진 사람들도 '혹시 나도 피해자가 되는 것은 아닐까' 불안감을 느낄 것이다. 과연 전세사기는 실제로 어떻게 행해지는 걸까? 사기의 본질은 보증금 사취로 동일하지만, 현실에서 벌어지는 수법은 다양하며 그 방법이 매우 복잡하고 교묘하다. 여기에서는 전세사기의 대표적인 유형 두 가지를 소개하겠다.

①선순위 기망형

가장 많이 벌어지는 전세사기 유형 중 하나는 '선순위 기망형'이다. 이는 말 그대로 임차인에게 선순위 권리나 보증금 등이 없는 것처럼 속이는 것이다. 해당 물건에 다른 전세권이라든지 대출 건이 있음에도 불구하고 없는 것처럼 속여서 세입자가 계약하게 한다. 이 사기 유형은 다가구에서 많이 벌어진다.

다세대와 다가구 주택은 겉으로는 모두 빌라로 비슷해 보이지만, 소유권 구조에서 차이가 있다. 다가구는 호수에 관계없이 건물 자체가 통으로 하나의 물건으로 취급돼 하나의 등기가 나온다. 그래서 온라인으로 등기부등본을 떼보면 다가구는 다른 호에 거주하는 사람이 전세로 거주하고 있는지 그렇다면 전세금이 얼마인지를 알 수 없다. 세대별로 등기가 있는 다세대 주택과는 다르다. 깨끗한 등기부등본을 보고 안심하며 계약한 임차인은, 이후 자신도 몰랐던 선순위에 밀려 보증금을 돌려받지 못할 수도 있다.

②동시 진행형

다른 유형은 '동시 진행형'으로 이는 조직범죄에 가깝다. '빌라왕'이 대표적인 동시 진행형에 해당한다. 구조는 이렇다. 사기의 중추인 건축주가 빌라를 지으며 중개인이나 분양대행업자를 가담시킨다. 예를 들어 건축주가 1억 5,000만 원짜리 건물을 지으며 중개인에게 2억 원에 이 집을 전세로 살 세입자를 찾아오도록 한다. 빌라시세를 잘 모르는 세입자의 정보 열위를 이용하는 것이다. 그러면 중개인의 몫으로 1,000만 원을 주고도 나머지 4,000만 원은 자신이 빼돌릴 수 있다. 건축주는 이후 꼬리가 잡히지 않게 바지 집주인을 찾아 집을 떠넘긴다. 일부러 노숙인이나 저지능자 등 취약 계층에 접근해서 1,000만 원을 쥐여주며 이 집을 팔아버리는 것이다. 그럼 범죄의 마스터플래너인 옛 집주인은 3,000만 원을 챙겨서 달아난다. 가까운 시일 안에 이 모든 일들이 동시에 진행돼서 '동시 진행형'이라 불린다. 정리하자면 옛 집주인이 새로운 전세 세입자랑 계약함과 동시에 새 집주인에게 집을 팔고 본인은 떠나버리는 것이다.

이 사기 유형의 문제는 대부분의 전세 세입자들이 법적인 현재 집주인만 고소를 한다는 것에 있다. 하지만 그는 채무를 상환할 능력이 안 되며, 바지 집주인일 뿐이다. 정작 문제의 본질은 옛 집주인과 이에 가담한 공인중개사, 분양대행업체다. 이들을 찾아 제재를 가하지 않으면 똑같은 사기가 계속 반복될 것이다. 대부분의 피해자는 배후의 범인을 고소할 비용조차 없고, 그렇기에 실제로 수사망을 빠져나간 범죄자가 많다. 사기꾼에게 좋은 판을 깔아주는 모양새다.

전세사기가 끊이지 않는 4가지 원인

지금도 계속되고 있는 전세사기의 고리를 끊기 위해서는 문제의 본질적인 원인을 찾아 제거해야 한다. 필자가 보기에 전세사기에는 크게 4가지 원인이 있다.

①정보 비대칭성

앞서 '동시 진행형'에서 봤듯이 문제는 세입자가 물건의 전세가격을 정확히 알 수 없다는 데서 출발한다. 신축 빌라의 경우 빌라 가격을 추정하는 공개된 시스템 자체가 많이 없다. 쉽게 가격 정보를 얻을 수 있는 아파트와 다르다. 따라서 세입자는 국가에서 공인한 자격증을 가진 공인중개사를 믿고 그에게 의지할 수밖에 없다. 전세사기꾼은 정보 면에서 유리한 자신의 위치를 이용해 빌라의 가격을 부풀린다. 이때 감정평가사와 합을 맞춰 부동산 평가액을 부풀리기도 하는데 이를 '업$_{up}$감정'이라고 한다. 금융 대출을 많이 일으키기 위함이다. 은행 역시 전문가인 감정평가사의 감정가를 믿을 수밖에 없으며, 심지어는 은행 직원까지도 범죄에 가담해 세입자를 속이기도 한다. 세입자에게 충분한 정보가 주어져 처음부터 정확한 빌라 가격을 알 수 있었다면 적어도 이런 유형의 전세사기는 일어나지 않았을 것이다.

②중개인의 도덕적 해이

결국 전세사기는 정보를 가장 많이 쥐고 있는 사람들이 도덕적 해이를 일으켜 발생한다. 우리가 한낱 종이 쪼가리를 '돈'이라 부르고 그것에 가치를 부여하는 이유는 자본주의 경제 '시스템'을 신뢰하기 때문이다. 마찬가지로 사람들이 국가 공인 자격증을 가진 전문가를 믿는 것도 이러한 국가의 시스템을 신뢰하기 때문이다. 공인된 전문가가 전세사기라는 조직범죄에 가담하는 것 자체가 신뢰를 기반으로 하는 자본주의 시스템에 대한 도전이다. 분명 강력한 처벌이 필요하다.

③모니터링 부재와 미약한 패널티

도덕적 해이를 일으킨 중개인들의 책임이 분명함에도, 법적 처벌과 예방적 감시가 제대로 이루어지지 않고 있다. 대체 어떤 이유에서일까? 현재 공인중개사는 광역시, 도의 '토지정보과'라는 데서 감독을 담당한다. 그런데 토지정보과 담당 직원은 경기도 같은 큰 지자체에서조차 5~6명에 불과하다. 공인중개사의 수를 감안하면 애초에 제대로 된 모니터링이 불가능한 구조라 할 수 있다. 심지어 분양대행업체는 아예 국가에서 감독하는 기구 자체가 없다.

④전세 제도 자체의 리스크

정보 비대칭과 도덕적 해이, 부실한 관리감독을 떠나서 '전세 제도' 자체에도 리스크가 있다. 세입자들은 이를 인지해야 한다.

우선 법적 제도상의 리스크다. 전세 계약 후 이사를 하면 전입신고를 하고 확정일자를 받아야 한다. 보증금과 권리를 지키기 위해 확정일자가 필요하다는 사실은 대부분의 사람이 알고 있다. 하지만 확정일자를 신청했다고 곧바로 안심할 수 있는 건 아니다. 확정일자는 신청 당일이 아니라 다음날부터 효력이 발생하기 때문이다. 만일 나쁜 의도를 가진 집주인이라면 오전에 세입자와 계약하고 확정일자의 효력이 발생하기 전인 당일 오후에 은행에서 주택을 담보로 대출을 받을 수 있다. 그러면 물건에 문제가 생겨 경매 등에 넘어갈 때 은행이 선순위, 세입자의 보증금이 후순위가 된다. 이 법적 맹점은 타워팰리스든 빌라든 모든 유형의 주택에서 일어날 수 있으므로 유의해야 한다.

다음으로는 금융적 리스크가 있다. 10~20년 전만 해도 전세는 보통 전액을 자기 자금으로 마련하는 경우가 많았다. 지금은 누구도 100% 자기 돈으로 전세를 살지 않는다. 상당 부분 대출을 받기 때문에 전세 계약에 금융적 성격이 끼며, 변동성이 생긴다. 사실 전세는 상대적으로 사회적 약자인 세입자가 은행에서 금융을 일으켜, 그 자금을 집주인에게 가져다주는 시스템이다. 돈을 떼이지 않기 위해서 집주인의 선함에 의지해야 하는, 본질적으로 세입자에게 취약한 구조다.

전세사기를 막을 방법은 없는 걸까?

앞서 여러 구조적 요인에 의해 전세사기가 발생함을 설명했다. 원인만 알아서는 문제를 해결할 수 없다. 지금부터는 4가지 원인 각각에 대해 어떤 해결책이 있을지 필자의 방안을 제시하려 한다.

①프롭테크를 활용한 정보 격차 해소

정보 비대칭성을 해결하기 위해 세입자들이 모두 전문가처럼 공부하고 사기를 방어할 수는 없는 노릇이다. 아파트 가격처럼 빌라도 투명한 시세 정보가 공개된다면 어느 정도 이 문제를 해결할 수 있다. 프롭테크를 활용하면 된다. 프롭테크Proptech란 부동산 자산(Property)과 기술(Technology)의 합성어로 AI, 빅데이터, 블록체인 등 첨단 정보기술을 결합한 부동산 서비스를 말한다. 이러한 IT 기술을 활용하면 빌라 가격을 추정할 수 있다. 물론 정확도가 100%는 아니지만, 부동산 데이터만 있으면 충분히 유용한 정보를 얻을 수 있다. 대단히 어려운 작업도 아니다. 필자 또한 할 수 있다. 일개 개인 연구실에서도 서울시 토지 가격을 추정하는데, 국가 연구기관에서 못할 리가 없다. 지금 기술 수준으로도 충분히 가능하며, 의지만 있다면 금방 해결될 수 있는 문제다. 민간에도 AI 부동산 시세 예측 플랫폼이 있다. 청년 세대가 이런 플랫폼이 존재한다는 사실을 알면, 최소한 과도하게 부풀려진 빌라 가격으로 인한 전세사기는 당하지 않을 수 있을 것이다. 신속히 신뢰할 만한 시세 정보 시스템을 만

들어야 한다.

②중개인의 도덕적 해이, ③미약한 법적 제재

전세사기 범죄자들은 부동산 시장의 거래 질서를 황폐화하고 있으며, 정부는 이를 방기하면 안 된다. 현재 법원의 판결 역시 바지 집주인에게만 가 있고 사기의 본질인 중개인과 옛 건축주에게는 닿질 않고 있다. 전세사기는 대부분이 조직범죄인데도 범죄 피해자가 배후의 중개인을 고소하지 않는 한, 수사 여력이 부족하기 때문에 조사가 들어가지 않는 실정이다.

현재는 중개인을 감독하는 기관의 규모가 너무 작거나 없는 형편이다. 필자의 의견으로는, 국토교통부 산하 한국부동산원 같은 기관이 강력한 모니터링을 담당했으면 한다. 한국부동산원은 이미 부동산 지수를 발표하기 위해 전국의 공인중개사 네트워크를 활용하고 있다. 만약 이런 기관이 금융감독원처럼 특별사법경찰권을 가져 수사권을 행할 수 있다면, 전세사기를 비롯한 부동산 문제를 깊이 조사할 수 있을 것이다.

④제도적 허점 보완

앞서 전세 제도의 리스크를 설명하며 확정일자 효력 시기의 맹점에 대해서 알아봤다. 이는 구조적으로 세입자에게 불리한 제도이므로 빠른 조정이 필요해 보인다.

또한 '선순위 기망형' 전세사기도 제도 개선으로 막을 수 있다. 호수별로 등기가 나오는 다세대 주택과 달리 하나의 등기로 취급되는 다가구는, 인터넷으로 등기부등본을 떼면 먼저 입주한 선순위 임차인 여부를 알 수 없다. 하지만 주민센터에서 전입세대 열람내역서와 확정일자 부여현황을 발급받으면 다른 세입자의 전입신고 내역, 계약기간 및 계약금액 등을 파악할 수 있다. 이 사실을 알지 못하는 세입자는 온라인으로 등기부등본을 꼼꼼히 확인하고도 사기를 당할 수 있다. 결국 의지의 문제다. 정부의 적극적인 피해자 구제 노력이 있다면 이런 제도의 개선 정도는 어렵지 않을 것이다.

여러 개선책이 있을 수 있지만, 한국의 전세제도 자체가 지속 가능한 건지 원점에서 생각해볼 필요도 있다. 국토부 자료에 따르면 지금도 순수한 전세는 전체 전세 계약의 2~30% 수준이라고 한다. 실상은 대부분이 반+전세다. 필자가 보기에 사기 위험이 높은 전세, 특히 빌라 전세는 정책적으로 반전세화가 필요하며 만약 그랬더라면 피해의 크기도 지금보다 훨씬 적었을 것이다. 전세가 존재하는 한 갭투자를 통해 이익을 얻고자 하는 욕망은 꺼질 수 없고, 전세사기 역시 사라질 수 없다. 긴 시간을 두고 점진적으로 사회적 합의를 이루며 전세 제도를 개선해 나가야 한다.

개인 역시 전세를 바라보는 시선을 바꿀 필요가 있다. 많은 사람들이 전세를 안전한 제도로 알고 있고 자본 축적의 기회로 삼고 있다. 하지만 누구든 전세의 법적, 금융적 리스크에 대해 알아야 한다. 전세란 최악의 경우 보증금을 날리고 빚만 남게 될 수도 있는 위험한 제도라는 것을 인지해야 한다.

참고문헌

1 "The average Manhattan rent just hit a new record of $5,588 a month", 〈CNBC〉, Aug 2023.

2 Housing Market Report Berlin 2024, Berlin HYP Bank & CBRE, 2024.

3 "뉴욕 맨해튼 아파트 가격, 1년여 만에 처음으로 상승", 〈초이스경제〉, 2024.01.07.

4. "독일 부동산 시장 및 경제 전망, 회복세로 접어드나? 부동산 구매 수요 증가와 경제 지표 개선", 〈구텐탁코리아〉, 2024.05.13.
   "Berlin's Housing Slump Is Over as Shortage Lures Investors", Bloomberg, 2024.02.17.

5 Prime London house prices - Q1 2024, Savils, 2024.04.25.

6 "뱅크런 32兆·피해자 10만…저축銀 PF 대출 부실로 드러난 최대 금융비리", 〈한국경제〉, 2019.10.11.

7 "뱅크런 32兆·피해자 10만…저축銀 PF 대출 부실로 드러난 최대 금융비리", 〈한국경제〉, 2019.10.11.

8 박병원, "2011년 상호저축은행 부실 사태 시 구조조정이 경영성과에 미친 영향 연구", 서울대학교 대학원, 2021.

9 금융투자협회, 펀드수탁고통계.

10 한국리츠협회, 리츠수탁고통계.

11 "2010년말 국민연금기금 324조원으로 작년 대비 46조원 증가-2010년도 국민연금기금 결산-", 보건복지부, 2011.02.24.

12 국민연금기금운용본부, 기금 포트폴리오.

13 "[대체투자 현주소⑥] '큰손' 3대 연기금 대체투자만 172兆", 〈연합인포맥스〉, 2024.03.05.

14 "250조 넘긴 국민연금 '대체투자'…1인당 1.2조 굴리느라 허덕", 〈매일경제〉, 2023.08.02.

15 Korea Proptech Startup Overview 2023, 한국프롭테크포럼.

16 "News Release: Consumer Price Index-May 2024", Bureau of Labor Statistics.

17 "2022년 기준 소비자물가지수 가중치 개편 결과", 통계청 소비자물가조사 보도자료, 2023.12.19.

18 "유럽중앙은행 기준금리 4.5%→4.25% 인하", 〈한겨레〉, 2024.06.06.

19 "영국, 총선 끝나고 8월 기준금리 인하할 가능성 높다", 〈뉴스1〉, 2024.06.28.

20 "스위스중앙은행 기준금리 25bp 인하…스위스프랑 급락(상보)", 〈연합인포맥스〉, 2024.06.20.

21 "공무원 월급도 중단… '부동산교부세 감소 부산 영도 154억원'", 〈MoneyS〉, 2024.06.17.

22 "서울상권 지각변동… 강남은 고전, 강북이 뜬다", 〈조선일보〉, 2024.1.30.

23 "여의도 풍경 바꾼 더현대 서울, 최단기간 '1조 클럽'에", 〈조선일보〉, 2023.12.04.

24 "'외국인 관광객 쏟아진다'"…올리브영, 명동에 글로벌 고객 특화 매장 열어, 〈한국경제〉, 2023.11.01.

25 '명동도 강남도 아니었다… 주말 20대들 지갑 열린 곳 어디?', SBS 보도, 2024.05.29.

26 "게임 감동이 현실로, '콜라보 카페' 열풍", 〈게임톡〉, 2022.11.23.

27 "Street H가 주목한 곳-176. 머쉬룸 페이퍼 팜", 〈스트리트H〉, 2023년 12월호.

28 "없는 집을 방세-무지한 노파를 사기하여", 〈조선일보〉, 1933. 07.30.

29 "전세사기피해지원위원회 피해자등 1,496건 결정", 국토교통부 보도자료, 2024.07.18.

30 "전세사기피해지원위원회 피해자등 1,496건 결정", 국토교통부 보도자료, 2024.07.18.

부동산 트렌드 2025

초판 1쇄 발행 2024년 9월 30일
초판 2쇄 발행 2024년 10월 25일

지은이 | 김경민, 김규석, 이소영, 이보람, 이영민, 정재훈

발행인 | 유영준
편집팀 | 한주희, 권민지, 임찬규
마케팅 | 이운섭
디자인 | 김윤남
인쇄 | 두성P&L
발행처 | 와이즈맵
출판신고 | 제2017-000130호(2017년 1월 11일)

주소 | 서울시 강남구 봉은사로16길 14, 나우빌딩 4층 쉐어원오피스(우편번호 06124)
전화 | (02)554-2948
팩스 | (02)554-2949
홈페이지 | www.wisemap.co.kr

© 김경민, 김규석, 이소영, 이보람, 이영민, 정재훈, 2024
ISBN 979-11-89328-83-2 (03320)